연구원은 무엇으로 사는가

연구원은 무엇으로 사는가

R&D 경영인이 말하는

조직 문화로 혁신하는 길

유진녕·이성만 지음

추천사

기업 강의가 중요한 주업이다. 1년에 150번 이상 기업 강의를 한 지 20년이 넘었고 그만큼 많은 기업을 가봤다. 사람마다 분위기가 다른 것처럼 기업도 각기 분위기가 다르다. 어떤 곳은 귀곡산장 같고, 어떤 회사는 놀이공원 같다. 많은 사람이 밝고 활기찬 분위기가 성과로 연결될 거로 생각한다. 바로 그것이 조직 문화다.

내가 생각하는 조직 문화의 정의는 "아무도 얘기하지 않지만 반드시 해야만 하는 그 무엇, 아무도 하지 않지만 하지 않으면 견딜 수 없게 만드는 그 무엇"이다. 여기서 '그 무엇'은 행동, 태도, 반응 등이다. 어떤 회사에서는 만나는 모두에게 소리 내어 인사한다. 다른 어떤 회사에서는 다들 멀뚱거리며 못 본

4

척한다. 어느 회사에서는 상사 앞에서 함부로 자기 생각을 얘기하면 안 되고 어떤 회사는 얘기하지 않으면 안 된다. 당신의 회사는 어떠한가? 지금 회사의 문화를 좋아하는가? 당신이 상사라면 조직 문화를 어떻게 바꾸고 싶은가?

이 책은 조직 문화에 관한 책이다. 조금 좁혀 말하면 연구 개발을 주로 하는 조직의 문화를 말한다. 결론부터 얘기하면 이렇다. "조직의 성과를 좌우하는 것은 리더십도, 소통도, 명확한 목표 설정도 아니다. 바로 조직 문화다. 잘 만들어놓은 조직 문화가 성과를 만들어낸다. 반대로 조직 문화를 제대로 만들어놓지 않으면 아무리 노력해도 원하는 성과를 낼 수 없다." 결국 성과는 조직 문화에 달려 있다. 경영학의 아버지 피터 드러커도 유사한 이론을 펼쳤고 나 또한 격하게 공감한다. 조직 문화의 중요성을 강조하는 많은 경영자가 있지만 실제 조직 문화를 바꾸고 이를 성과와 연결한 사례는 극히 드물다. 사우스웨스트 항공, 3M 정도가 있다. 그리고 LG화학 기술연구원장을 지낸 유진녕 사장이 연구소에 맞는 조직 문화를 만들고 이를 성과로 연결했다. 말로만 강조하는 조직 문화가 아니라 신입 사원부터 사장이 되기까지 이곳에 다니며 조직 문화를 만든 이야기를 책에 담았다. 이는 고해성사이자 세계 최고의 성과를 창출해낸 운영 방식Best Practice에 관한 것이다.

저자와 나는 각별한 사이다. 그는 내가 가장 좋아하는 친구이기도 하다. 서울대학교 공과대학 자연계 16반에서 만난 우리는 죽이 잘 맞았다. 같은 교회에 다녔고, 자주 어울렸다. 무엇보다 같은 LG화학을 다녔다. 연구소는 서울이 아닌 대전에 있었고, 만들어진 지 얼마 되지 않아 관리자도 몇 없었다. 위치상 회사 근처 기숙사에서 지내는 직원들이 많아 함께 어울리며 자주 고민을 나눴다. 입사 3년 후 나는 미국으로 유학을 떠났고, 그는 유학 기간을 포함해 38년간 연구소에 있으면서 오늘날 LG화학 기술연구원을 만들었다. 그야말로 산 증인인 셈이다.

내가 유학을 하러 갈 때 연구소는 70명 남짓이었는데 최근 5,000명을 넘어섰다고 한다. 그 사이 LG화학은 엄청난 성장을 거듭했다. 세계 어느 화학 연구소와 비교해도 전혀 꿀리지 않는다. 편광판, 배터리, 신약 등 많은 성과를 이루어냈다. 분위기 또한 좋다. 여러 번 강의하며 LG화학 연구소에 모인 이들은 연구원이라기보다 박사과정을 밟는 대학원생 같다고 느꼈다. 서로 벽이 없어 보였고, 표정도 밝고 잘 웃었다. 반응이 좋고 질문도 많아 강의할수록 힘이 났다. 그것이 조직 문화라고 생각한다. 조직 문화는 하루아침에 만들어지지 않는다. 오랫동안 그 조직이 추구한 방향, 그 조직을 이끈 리더의 성격과 품성이 만들어낸 결과물이다.

LG화학 기술연구원은 큰 성장과 발전을 이뤄냈고 이는 유진녕 원장을 비롯해 1대 최남석 원장, 2대 여종기 원장의 공이 크다. 비전이 컸던 최남석 원장은 "LG화학 연구소는 10년, 20년 후에 완전히 달라질 것이다. 플라스틱뿐만 아니라 제약, 전자 소재까지 섭렵하며 세계적인 연구소가 될 것"이라고 말한 바 있다. 당시 LG화학 연구소는 주로 플라스틱을 연구했지만 유전자공학 연구를 하겠다며 대거 채용한 생명공학 전공자들에게 투자를 아끼지 않았다. 플라스틱 분야에 근무하던 우리는 불만이 많았다. '돈은 우리가 버는데 왜 엉뚱한 곳에 투자하는가? 갑자기 무슨 유전자 공학인가? 그게 돈이나 되겠는가?'라고 생각했다. 돌이켜보면 이는 철없는 반응이었다. 현재 그 목표가 다 이뤄졌다. 만약 플라스틱에만 전념하고 다른 곳에 투자하지 않았으면 어땠을까? 오늘날 LG화학은 없었을 것이다. 사라지진 않았어도 지금의 모습은 아니었을 것이다.

　　고 여종기 원장도 크게 기여했다. 그는 잔소리하는 일 없이 무엇이든 연구원이 하겠다고 말하면 서슴없이 지원했다. 내가 유학 중일 때도 그는 1년에 한 번씩 먼 땅까지 찾아와 "지금 우리나라가 엄청나게 성장하고 있다. LG화학의 변화를 보면 놀랄 것이다"라고 말씀하시곤 했다. 이후 기술연구원 책임자가 바로 이 책의 저자 유진녕 사장이다.

성장은 이 세 사람의 작품이다. 최남석 원장이 큰 방향을 잡아주고, 여종기 원장이 그곳에 씨를 뿌리고 물을 주고, 유진 녕 원장은 이를 기르면서 가지치기하고 꽃을 피우게 했다. 그 중 문화를 만든 건 유진녕 원장이라고 생각한다. 그가 가장 잘 한 일은 좋은 분위기, 좋은 문화를 가진 연구소를 만든 것이다. 조직 문화는 그 조직장의 성격이다. 삼성의 문화는 이병철 회 장의 성격이고 현대는 정주영 회장의 성격이다. 지금 연구소의 조직 문화에는 유진녕 원장의 성격이 많이 반영되어 있다. 본 인이 가지고 있는 좋은 면을 연구원들에게도 강조하면서 서서 히 조직이 변한 것 같다. 그가 전하는 메시지는 사실 복잡하지 않다. 첫째 자율과 창의에 기반한 혁신이다. 잔소리하는 대신 그들이 알아서 할 수 있게 도와주라는 것이다. LG화학 기술연 구원 입사자는 대부분 석사 이상으로 본인이 하고자 하는 공부 를 성실히 해온 사람들이다. 이들은 강압적으로 지시하거나 감 시하고 통제하는 것보다 방향만 설정해주고 알아서 하게끔 하 는 것이 잘 맞는다는 걸 유진녕 원장은 어느 순간 터득한 것이 다. 둘째는 협업을 통한 혁신이다. 혼자 잘하는 건 소용없다. 혼 자 잘할 수 있는 것도 사실상 없다. 개인기보다는 팀워크가 중 요하고, 이 부분이 잘 형성돼야 성과를 내는 연구소가 될 수 있 다는 것이다. 마지막은 도전하는 문화다. 연구란 새로운 것에

연구원은 무엇으로 사는가

도전하는 것이다. 연구는 원래 다음을 예측하기 어렵고 앞이 보이지 않기 때문에 잘된다는 보장이 없다. 안주하는 연구소는 연구소가 아니다. 도전하는 문화를 만들기 위해서는 실패를 용인해야 한다. 아니, 실패를 권장해야 한다. 내가 생각하는 실패는 도전하지 않는 것이다. 도전하지 않으면 실패는 없지만 성장 또한 없다. LG화학 기술연구원의 성공은 조직 문화의 성공이다. 자율과 창의, 협업, 도전의 문화를 만든 덕분에 오늘날의 모습이 될 수 있었다.

이 책은 사실 내가 종용한 측면이 많다. 그는 책 쓰기를 자꾸 거절했지만 나는 중요한 노하우와 경험을 혼자 머릿속에 갖고 있기보다 후배들과 나눴으면 했다. 유진녕 사장의 생각과 그간 행적이 자랑스러운 내 마음처럼 독자들도 책을 덮으며 나와 같은 생각을 하리라 믿어 의심치 않는다.

- 한근태 (한스컨설팅 대표, 《고수와의 대화, 생산성을 말하다》, 《일생에 한번은 고수를 만나라》 등 다수의 책 저자)

유진녕 원장은 38년간의 연구원과 연구 경영자로서의 경험을 중심으로 연구 관리자로서의 덕목, 특히 과제 관리, 조직 관리, 연구원의 역량 관리, 회사 내 타부문과의 관계 정립 등에 관해 매우 현실적인 대안을 제시하고 있다. 분야는 다르지만 거의 같은 연구자의 길을 걸어온 본인의 경험과 비교해도 유효한 고민과 해결 방안을 제시하고 있어 책을 읽으며 크게 공감했다. 현재 연구원, 혹은 연구 관리자로 일하는 분들에게는 본인의 발전뿐만 아니라 부하를 육성하고 연구 조직을 발전시키는 데 큰 도움이 되는 책이다.

- 이현순 (두산그룹 기술담당 부회장, 전 현대기아차 기술 개발총괄 부회장)

일찍이 아인슈타인은 "지식이란 실제로 경험을 해보아야만 얻을 수 있는 것이다"라고 이야기한 바 있다. 현장 연구자로서, 연구 조직 관리자로서 세계 배터리 산업계를 이끄는 LG화학 기술 개발을 총괄 지휘했던 저자의 경험담은 보석과 같다. 그야말로 튼실한 지식이다. 그 지식이 고스란히 담긴 이 책을 학계 및 산업계의 후학들이 가야 할 방향을 찾도록 도울 훌륭한 지도책地圖冊으로 여기며 일독하기를 적극 권한다.

– 김도연 (전 포항공과대학교 총장, 전 교육과학기술부 장관)

이 책은 LG화학 입사 이후 40년가량 경제 발전을 뒷받침할 기술 개발의 최전선에 있었던 저자의 고민을 온전히 담고 있다. 경제와 기술 수준이 향상됨에 따라 새로운 요구에 부응하고자 노력해온 그는 대한민국을 성장시킨 경쟁력이었지만 이제는 실효성을 상실한 '빠른 추격자 전략'에서 벗어나야 한다고 말한다. 하지만 DNA처럼 각인된 과거 성공 전략에서 단방약으로 벗어나기란 어렵다. 문화, 경영, 리더십 등 저자의 모든 경험이 선도 전략으로 나아가고자 하는 이에게 나침반이 되어줄 것이다.

– 이병권 (전 KIST 원장)

R&D 조직 문화, 새 바람이 필요하다

씨름의 기술에서 승부를 결정짓는 가장 중요한 기술 중 하나는 들배지기다. 이는 상대를 자기 앞가슴 쪽으로 당겨서 배 위로 힘껏 들어 올린 다음, 한 번 더 추켜올리는 순간 몸을 돌려 상대방을 넘어뜨리는 기술이다. 선수들도 호미걸이, 뒤집기, 배지기, 잡채기 등 100여 가지의 기술 중 들배지기를 가장 많이 연습한다고 한다. 들배지기는 잔재주를 부리지 않고 힘으로 정면 승부한다. 들배지기 장면이 등장하는 김홍도의 그림 〈씨름도〉에서도 이 기술의 상징성을 엿볼 수 있다.

기업을 구성하는 여러 기능 중 제조업의 경쟁력에 가장 큰 영향을 미치는 것은 무엇일까? 마케팅, 영업, 제조, 생산, 기획, R&D, 재무, 회계, 인사, 총무 중에서 무엇이 씨름의 들배지기 기술과 같은 역할을 할까? 저마다의 의견이 다를 수 있겠지만, 나는 기술 역량을 꼽는다. 다른 기능들도 중요하나 제조업의 근본적이고 지속적인 경쟁력의 원천은 기술 역량 즉, 공장 현장의 생산 기술과 R&D다. 비슷한 수준의 기술 역량을 가진 회사와 경쟁할 때는 영업이나 마케팅 역량이 큰 힘을 발휘할 수 있다. 하지만 기술 역량 차이가 현저하다면 영업과 마케팅으로 그 간극을 극복하는 데 한계가 있다. 더구나 첨단 기술 분야 사업에서는 불가능에 가깝다.

대한민국이 세계 1등을 하고 있는 산업 몇 가지가 중국의 거센 추격으로 위기에 봉착했다. 우리나라 1등 산업은 '빠른 추격자 전략Fast Follower Strategy'을 통해 일본으로부터 빼앗아온 것이 많다. LCD, 메모리 반도체, 소형 2차 전지, 그리고 조선 산업 등이 그 예다. 빠른 추격자 전략은 앞서가는 회사를 벤치마킹해 시행착오를 줄이고 효율성을 높여 빨리 쫓아갈 수 있다는 이점이 있다. 이 전략을 통해 대한민국은 1등 산업을 창출해냈지만 안타깝게도 기업 내부에 효율만 중시하는 조직 문화를 남기게 됐다. 이는 현재의 기업들에 절실한 '선도형 제품 전략First Mover Strategy'을 추구하는 데 독이 된다.

효율 중심의 회사에서는 리더가 시키는 대로 빨리하는 것이 미덕이다. 리더가 주문한 것과 다른 생각이나 아이디어를 제시하면 "다른 짓 하지 말고 시키는 거나 빨리해"라는 말을 듣기 십상이다. 지금도 1등 산업에서 중추적인 역할을 하는 대기업에 이런 분위기가 남아 있을지 모른다. 다른 회사가 이미 개념 설계를 마치고 양산 중인 제품을 빠른 추격자 전략으로 유사하게 만드는 상황이라면 리더가 제품의 설계 개념을 이미 알고 있기 때문에 "다른 데 한눈팔지 말고 나를 따르라"고 할 수 있다. 하지만 세상에 없는 새로운 개념의 제품이나 불가능하다고 생각했던 제품을 설계할 때는 리더도 어디로 가야 하는지 알 수 없다. 그 상황에서 나를 무작정 따르라는 리더의 말은 신뢰하기 어렵다.

리더의 지시가 아닌 모든 구성원의 자율과 창의에 바탕을 둔 집단 지성이 필요하다. 그래야 세상에 없던 제품이나 혁신적인 제품을 만들어낼 수 있고, 추격자들과 근본적으로 기술 역량을 차별화할 수 있다. 우리나라가 과거에 추구했던 기술 혁신 전략인 '빠른 추격자 전략' 일변도에서 탈피하고 일정 부분을 '선도형 제품 전략'으로 바꾸기 위해서는 무엇보다 효율을 중시하는 조직 문화에서 자율과 창의를 중요하게 여기는 조직 문화로의 변신이 급선무다.

우리나라에서 창의적 인재가 자라나기 어려운 데는 경직된 교육 제도의 영향이 크다. 일부 전문가도 현재 한국의 초중

고교, 대학 교육 체제로는 창의성을 키우기가 어렵다고들 말한다. 교육 개혁이 제대로 이뤄질 것이라는 기약이 없는 상황에 언제까지 교육 탓만 하고 있을 수는 없다. 당장 기업은 기존 제도에서 교육받은 인재들과 함께 전 세계 경쟁자들을 상대로 피말리는 싸움을 해야 한다. 이러한 여건 속에서도 구성원들이 모든 역량을 최대로 발휘할 수 있는 환경을 조성하는 것이 기업의 역할이다. 그런데 교육 문제를 차치하더라도 과연 우리나라 연구 개발 조직은 구성원이 제 역량을 모두 쏟아낼 수 있는 조직 문화를 갖추고 있을까?

LG화학 R&D에 신입 사원으로 입사해 연구원으로, 연구팀장으로, 그리고 기술 경영자로 38년간 근무한 경험과 다른 국내외 기업들의 사례를 보면서 느낀 점들을 이 책에서 공유하려고 한다. 조직 문화는 하의상달Bottom-up이 아닌 상의하달Top-down로 형성된다. 문화를 형성하는 데 리더들의 역할이 결정적이다. 그렇기에 이 시대가 요구하는 기술 혁신 전략에 걸맞은 바람직한 조직 문화의 지향점을 고민했고, 이를 구현하기 위한 조직 운영과 리더십에 대한 생각을 정리했다. 1장에서는 기본적인 기술 혁신 전략을, 2장은 조직 문화를 구축할 방향을, 그리고 3장과 4장에서는 조직 문화를 뒷받침할 수 있는 운영과 리더십을 말한다.

기술 혁신은 조직 문화의 결과라고 믿는다. 기술 경영자를 포함하여 조직 문화 형성에 절대적 영향을 미치는 최고 경영층들의 분발을 기대하면서 새로운 1등 선도 산업을 찾아내야 할 기업들의 절실함이 조직 문화 변혁으로 나타나길 소망한다.

차례

Chapter 1.

기술 혁신 어떻게 할 것인가

'빠른 추격자 전략Fast Follower Strategy'은 최근까지
도 우리나라 산업계에 많은 성과를 가져다줬다. 이 전략으로
LCD, 메모리 반도체, 소형 2차 전지, 조선 산업에서 우리나라
가 세계 1등을 차지할 수 있었다. 소형 2차 전지를 예로 살펴보
자. 1차 전지는 한번 사용하고 나면 재사용이 불가능한 건전지
와 같은 배터리를 말하고, 2차 전지는 방전 후에도 다시 충전
하면 반복해서 쓸 수 있는 배터리를 말한다. 2차 전지는 주요
4대 소재인 양극재, 음극재, 전해질, 분리막으로 구성된다. 대
표적인 2차 전지인 리튬 이온 배터리는 성능과 안전성 문제로
상업화에 난항을 겪다가 1991년 일본 소니가 상업화에 성공
함으로써 휴대용 기기 시장을 빠르게 장악했다. LG화학은 소

형 2차 전지 시장에 진입하고자 1995년 연구 개발을 시작했다. 그리고 1998년 국내 기업으로는 최초로 리튬 이온 2차 전지를 상업화하는 데 성공했다.

　화학 관련 연구의 경우, 개발하고자 하는 제품을 실험실 비커 수준의 작은 규모로 구현하고 나서 대량 생산을 위해 스케일 업Scale-up 실험을 한다. 이 과정을 아우르는 파일럿 공정을 거쳐 대량 생산에 필요한 여러 공정 조건과 생산 설비를 사전에 검증하게 된다. 이후 생산 시설인 양산 설비를 건설하여 생산하는 것이 일반적이다. 그러나 LG화학에서는 소형 2차 전지 시장에 빠르게 진입하기 위해 앞서 언급한 순차적 개발 과정을 따르지 않고 파일럿과 생산 시설 건설을 동시에 진행하는 파격적인 과정을 거쳐 단기간에 사업화에 성공했다. 그 결과, 현재 소형 2차 전지 시장에서 우리나라는 당당히 세계 1등 자리를 차지하고 있다. 소형 2차 전지 사례에서 알 수 있듯이 빠른 추격자 전략에서는 개발 실패 위험을 줄여 사업화하는 데 시간을 단축하고 시간과 투자비를 절약한다는 후발자의 이점 Follower's Advantage을 적극적으로 활용할 수 있다. 그리고 원천 기술을 개발하기보다는 효율 중심의 제조 생산 기술이 중요하고, 벤치마킹할 수도 있다. 하지만 지금은 무한 경쟁 시대다. 후발자의 추격도 거세다. 우리나라가 그동안 추구했던 방식은 산업의 성과 측면에서 매우 성공적이었지만 더 이상 지속적인 성장을 담보하는 데는 한계가 있다. 무한 경쟁 시대에 맞는 새로운 기술 혁신 전략을 세워야 할 뿐 아니라 추진하는 방식에도 큰 변화가 필요하다. 과연 우리는 어떠한 기술 혁신 전략을 선택해야 하고 기술 혁신 전략의 실행 접근법은 무엇이 되어야 할까?

기술 혁신 전략
선택의 관점

리처드 다베니Richard A. D'Aveni 교수가 그의 저서 《하이퍼 컴피티션Hyper-Competition》[1]에서 언급한 무한 경쟁 시대의 특징은 세 가지다. 첫 번째는 '무경계성Heterogeneity'이다. 전과 달리 이종 산업 간에도 경쟁이 발생하는 지금, 과거에 동일 산업 내에서 유효했던 선택과 집중 전략은 한계를 드러낸다. 전기·전자 기업만이 자리를 꿰차던 2차 전지 분야에 화학 소재 기업이었던 LG화학이 진출한 사례가 그 예다. 초기에 2차 전지 분야를 장악한 기업은 최초로 소형 2차 전지를 상업화했던 소니를 비롯하여 도시바, 파나소닉 등 모두 전기·전자 기업뿐이었다. 결국 무경계성 관점에서는 무엇을 선택하고 집중하기보다 누구에게 미래에 대한 꿈과 상상력이 있느냐가 중요하

연구원은 무엇으로 사는가

다. 이 조건을 충족시키기 위해서는 개방성과 집단 지성 활용
이 절실하다.

두 번째는 '역동성Dynamism'이다. 경쟁 환경이 급변함에 따
라 기회의 창은 점점 좁아지고, 기존에 확보한 경쟁 우위를 지
속해서 방어하는 것이 불가능해진다. 생각만 하고 있으면 뒤처
질 수밖에 없다. 먼저 실행에 옮기는 '행동 우선 접근Doing First
Approach' 방식이 중요하다.

마지막 특징은 '불확실성Uncertainty'이다. 미래를 예측하고
그에 따라 계획을 짜서 실행하는 과거의 전략은 불확실성으로
인해 한계를 드러낸다. 빠르게 적응하는 능력을 갖춘 조직만이
생존할 수 있는 시대. 이러한 능력을 발휘하기 위해 모호하
고 복잡한 상황을 이겨내는 창의적인 조직 문화가 필요하다.

이런 특징을 가진 무한 경쟁 시대에 필요한 우리나라의
미래 기술 전략을 크게 네 가지 관점에서 생각해보자.

지향점

첫 번째, 지향점 관점에서 빠른 추격자 전략이 아닌 '선도형 제
품 전략First Mover Strategy'으로의 전환이 필요하다. LG화학이 개

우리가 추구해야 할

미래 기술 혁신 전략은 기업이나

산업 분야가 처한 상황에 맞춰

빠른 추격자 전략과 선도형 제품 전략을

동시에 조화롭게 추진하는 '양손잡이

연구 개발 전략Ambidextrous R&D Strategy'이

되어야 한다.

발한 전기 자동차용 리튬 이온 폴리머 전지가 대표 사례다. LG 화학에서는 향후 전기 자동차 시대가 도래할 것이라고 예상하고 2000년부터 자동차용 전지 개발 프로젝트를 추진했다. 그 당시 화학 소재 회사로는 상당히 많은 금액인 1,500억 원 이상의 연구비를 투자했다. 그 결과 세계 최고의 성능과 안전성을 겸비한 전기 자동차용 전지를 개발해 2008년 현대자동차 공급업체로, 2009년 미국 GM의 전기 자동차용 전지 단독 공급업체로 선정된 바 있다. 그 이후로 르노, 포드, 폭스바겐 등 대다수 자동차 업체와 공급계약을 체결했다. 이제 LG화학은 명실공히 전 세계 자동차용 전지 시장과 개발을 선두에서 이끌어가고 있다. 리튬 이온 소형 전지를 세계 최초로 개발하여 상업화한 일본 기업들이 리튬 이온 전지를 자동차용 전지로 사용하기는 어려울 것이라고 할 때 LG화학은 과감하게 도전해 선도형 제품 개발에 성공했다. 리튬 이온 소형 전지 분야에서는 일본에 뒤졌지만, 자동차용 전지 분야에서만큼은 일본을 뛰어넘는 글로벌 1등 기술을 선점할 수 있었다.

사고방식

────────

두 번째는 사고의 관점이다. 과거에는 정해진 목표를 잘 수행하는 '목표 추구형 접근Goal Pursuing Approach'이 유효했다면 지금은 목표를 잘 찾고 만들어내는 '목표 발견형 접근Goal Finding Approach'이 요구된다. 예를 들어 LCD TV를 개발하는 연구 과제를 추진한다고 하자. 이때 해상도를 HD급에서 Full HD급으로 개발해야 한다면 해상도는 100만 화소에서 200만 화소로 증가시켜야 한다. 이는 정해진 목표를 추구하는 접근 방식이다. 하지만 테슬라 최고 경영자 일론 머스크가 설립한 미국 민간 우주탐사 기업 스페이스XSpace Exploration Technologies Corporation에서 추진 중인 로켓 재활용 연구는 누구도 시도한 적 없는 분야이기 때문에 목표 자체를 미리 명확하게 설정하기가 어렵다. 그렇다 보니 스페이스X는 목표 발견형 접근 방식으로 상황판단에 따라 목표를 정해가면서 연구를 진행하고 있다.

무한 경쟁 시대의 특징인 역동성과 불확실성으로 인해 목표를 수립하기란 쉽지 않다. 그래서 남의 목표를 따라 하지 않고 스스로 목표를 잘 만들어내는 역량이 더욱 중요해졌다. 목표 추구형 접근을 주로 했던 과거에는 분석적 사고가 중요했다면, 목표 발견형 접근이 필요한 현재는 창의적 사고가 무엇보다 중요하다. 과거의 리더들은 이미 개념 설계를 마치고 대량 생산한 결과물을 따라 하는 것으로 충분했기에 자기가 알고 있는 개념을 그대로 실행해서 제품을 만들 수 있었다. 그러나 새로운 개념의 제품을 만들어야 할 이 시대에는 리더의 역할에 한계가 있어 모든 구성원의 창의적인 집단 지성이 필요하다. 창의적 사고는 자율이 보장되는 환경을 구축한 곳에서만 발현이 가능하다. 미래의 기술 혁신 전략을 추진하기 위해 창의와 자율 문화가 중요하다고 강조되는 이유다.

계획과 실행

세 번째는 계획과 실행 관점이다. 예측과 분석을 통해 계획을 수립하고 이를 실행에 옮기는 '전통적인 기획Conventional Planning' 방식에서, 적은 비용으로 빠른 시간 내에 가설을 검증하고 방향을 수정해나가는 '발굴 지향 기획Discovery-Driven Planning' 방식으로 바꿔야 한다. 즉, 일을 추진하면서 배우고, 배우면서 실행하는 '실행을 통한 학습Learning by Doing' 접근 방법이 매우 중요하다. 앞서 언급한 스페이스X 로켓 재활용 실험은 다섯 번의 도전 끝에 성공했다. 실패할 때마다 얻은 학습 결과를 토대로 재시도를 거듭해 마침내 얻은 결과다. '발굴 지향 기획'이 힘을 발휘한 것이다. 발굴 지향 기획 환경에서는 '실행 중심 프로세스Iterative Process' 도입을 검토할 필요가 있다. 이는 많은 기업 연구소에서 채택하고 있는 연구 과제 관리 시스템 '단계 승인 프로세스Stage Gate Process'를 보완하는 체제다. 정해진 단계에서 중간 목표Milestone를 달성하지 못했다고 무작정 과제를 중단하면 위험하다. 특히 달성해야 할 목표가 높고 도전적인 과제를 수행할 경우에는 더욱더 그렇다. 연구원들이 열정을 가지고 적합한 실행 과정을 통해 과제를 수행했고, 목표로 하는 시장이 여전히 존재한다면 중단하기보다 지속해서 추진할 수 있도록 해야 한다. 물론 과제를 불성실하게 수행했다면 책임자 교체 등 적절한 불이익을 가해야 하는 것은 당연하다. 과제를 수행해나가면서 새로운 목표를 정하고, 실행하고, 또다시 목표를 정해 실행하는, 빠르고 유연한 과제 관리 시스템을 갖춰야 목표가 높은 과제를 수용할 수 있다.

업무 수행 방식

마지막 네 번째는 업무 수행 방식 관점이다. 내부 자원만을 활용하는 '폐쇄형 혁신Closed Innovation'에서 벗어나 내부 자원과 외부 자원을 모두 활용하는 '개방형 혁신Open Innovation'을 적극적으로 추구해야 한다. 내부 자원만으로 개발할 수 있다는 연구원들의 고집 때문에 시장 출시 시기를 놓치게 되는 우를 범하지 말아야 한다. 조금 더 적극적으로 표현하자면 외부에서 가져올 수 있는 모든 기술을 가져오고, 가져올 수 없는 기술만 내부에서 개발하겠다는 자세를 가짐으로써 제품의 출시 시기를 놓치지 않아야 한다. 연구자 중에는 NIHNot Invented Here 증후군을 앓는 사람들이 있다. '여기서 개발한 것이 아니다'라는 의미로, 직접 개발하지 않은 기술이나 연구 성과는 인정하지 않는 배타적 조직 문화 또는 태도를 일컫는다. 내 경험에 의하면 대다수 연구자는 외부의 기술이나 아이디어를 수용하기보다는 내부의 역량만 고집하는 특성이 있다. 이는 시대 흐름을 냉정하게 판단하지 못하고 자기 고집만 내세우는 태도다. 더불어 급속히 변화하는 기술 사회에서 외부 기술과 아이디어를 받아들여 적극적으로 활용하는 개방형 혁신의 걸림돌로 지적되기도 한다. 개방형 혁신은 '빠른 추격자 전략'이나 '선도형 제품 전략' 모두에서 필요한 일하는 방식이 되어야 한다. 개방형 혁신에 관해서는 2장에서 좀 더 자세히 다루고자 한다.

모든 기업이 선도형 제품 전략만을 추구해야 하는 것은 아니다. 전보다 선도형 제품 전략이 매우 필요한 상황으로 바뀐 것은 분명하지만 각 기업이 가진 역량과 사업 구조, 제품군, 서비스의 성격에 따라 아직도 빠른 추격자 전략이 유용한 경우가 많기 때문이다. 따라서 우리가 추구해야 할 미래 기술 혁신 전략은 기업이나 산업 분야가 처한 상황에 맞춰 빠른 추격자 전략과 선도형 제품 전략을 동시에 조화롭게 추진하는 '양손잡이 연구 개발 전략Ambidextrous R&D Strategy'이 되어야 한다.

선도형 제품 전략에서의 기술 혁신

양손잡이 연구 개발 전략을 활용할 때 우리나라는 지금까지 성공적으로 추진해온 빠른 추격자 전략보다 앞으로 더욱 중요해질 선도형 제품 전략에 좀 더 집중할 필요가 있다. 이에 따라 선도형 제품 전략을 위한 네 가지 접근 방식을 제안하고자 한다. 자율과 창의에 기반한 혁신Autonomous & Creative Innovation, 사업화 중심의 혁신Business-centric Innovation, 협업을 통한 혁신Collaborative Innovation, 마지막으로 와해성 혁신Disruptive Innovation이다. 네 가지 접근 방식의 영문 표기 첫머리 글자를 모으면 ABCD가 되는 것처첨 선도형 제품을 개발하고자 할 때 이 방식이 기본이 되었으면 한다.

자율과 창의

첫째, '자율과 창의에 기반한 혁신Autonomous & creative innovation'이어야 한다. 누구나 어릴 때 공부를 하려다가도 '공부해'라는 부모님의 말씀을 듣는 순간 하기 싫어지는 경험을 해봤을 것이다. 스스로 하고 싶은 일을 할 때 즉, 자율적인 판단으로 일할 때 가장 좋은 결과가 나온다.

창의성이란 무엇일까? 어떤 사람이 창의적인 사람일까? 지능지수가 높으면 창의적이라고 할 수 있을까? 노벨상을 받은 세계적 이론물리학자 리처드 파인먼Richard Feynman 교수의 지능지수가 125 정도라는 걸 보면 창의와 지능지수는 무관한 듯하다. 창의는 일에 대한 열정을 가지고 몰입할 때 발현된다. 일에 무관심한 사람이 어떻게 좋은 아이디어를 낼 수 있겠는가? 그만큼 스스로 동기 부여가 되고 일에 몰입할 수 있는 환경을 조성하는 것이 중요하다.

사업화

둘째, '사업화 중심의 혁신Business-centric innovation'을 해야 한다.

36

창의는 일에 대한 열정을 가지고
몰입할 때 발현된다.
그만큼 스스로 동기 부여가 되고
일에 몰입할 수 있는 환경을
조성하는 것이 중요하다.

기업 연구의 목표는 제품 사업화를 위한 기술 혁신이다. 연구 기간의 길고 짧음에 관계없이 사업화를 목표로 개발을 추진해야 한다. 연구를 위한 연구는 필요하지 않다. 개발 초기부터 목표 시장, 목표 고객, 목표 비용 및 목표 성능 등을 최대한 명확히 해야 한다. 특히 신사업으로 선도형 제품을 개발하고자 하는 연구 개발 조직은 고객의 요구를 잘 파악해 사업화가 가능한 제품을 개발할 수 있도록 관련 부서로부터 조직적으로 지원받을 필요가 있다. 이 과정을 통해 시장조사와 고객조사, 경제성평가, 마케팅 등을 수행할 수 있다. 이때 도전적인 연구 개발 과제의 잠재 시장, 잠재 고객을 쉽게 폄하하는 우를 범하지 않도록 주의해야 한다. 이러한 환경에서 연구 개발팀은 신사업을 만들어내기 위한 단초를 제공하는 역할을 성실히 수행할 수 있고, 사업 부문과의 조화로운 협업을 통하여 선도형 제품을 매끄럽게 사업화할 수 있다.

협업

셋째, '협업을 통한 혁신Collaborative innovation'이 필요하다. 오늘날 연구 개발팀 홀로 개발할 수 있는 선도형 제품이 있을까? 거의 없다. 협업을 해야만 개발이 가능하다. 한 제품을 개발하는 데 필요한 기술은 여러 가지다. 때로는 상당히 다양한 종류의 기술이 필요하다. 한 팀, 혹은 혼자서는 개발하지 못할뿐더러 하더라도 출시 시기를 놓칠 확률이 높다. 그래서 개방형 혁신을 통한 협업이 필요하다. 협업을 통해서 개발된 제품은 동원된 기술의 종류가 많기 때문에 모방하기도 어렵다. 선도형 제품 개발에 협업한 팀의 수가 많아질수록 후발 주자들의 추격이 어려워진다. 사실 대다수 국가의 과학 기술자들은 일반적으로 협업에 약하다. 성과가 나왔을 때 각자의 기여도 평가에 불만이 크기 때문이다. 이 문제를 해결할 수 있다면, 다시 말해서 협업을 잘할 수 있는 문화를 만든다면 남들이 따라 하기 힘든 제품을 먼저 만들고 격차를 계속해서 벌려 나갈 수 있을 것이다.

와해성 혁신

───────

마지막으로 '와해성 혁신Disruptive innovation'에 도전해야 한다. 와해성 혁신은 하버드 대학의 클레이튼 크리스텐슨Clayton M. Christensen 교수가 1997년 《혁신기업의 딜레마The Innovator's Dilemma》[2]를 통해 소개한 개념이다. 이는 승승장구하던 많은 기업이 실패에 부딪히게 되는 근본적인 이유와 이미 앞서 있는 선도 기업을 추월하기 위해 추진해야 할 전략을 고민한 끝에 얻은 결과다. 와해성 혁신은 기존 제품의 성능 개선 경로를 따르는 '존속성 혁신Sustaining Innovation'과는 달리 제품과 서비스가 주류 시장의 고객들이 사용하기에 부족하지만, 전에 없던 성능을 소개함으로써 성능에 대한 새로운 방향을 제시하는 혁신이다.

고객의 요구만을 충족시키고자 존속성 혁신에 치중해 성장하던 선도 기업들은 와해성 기술이 초기 단계에 드러낸 성능 열위를 개선하여 다수 고객이 원하는 정도가 되는 순간 속수무책으로 시장에서 사라져버리고 만다. 기존 시장에서의 성공이 다음 단계로 성장하는 데 함정이 되는 현상Success Trap이 일어나는 것이다. LCD, PDP가 등장하고 성장한 후 CRT 브라운관의 운명을 보지 않았는가?

1990년대에 접어들면서 LCD, PDP 기반의 평면 디스플레이 산업에 많은 기업이 너나 할 것 없이 뛰어들었다. 이때 CRT 기반 디스플레이 시장에서 최대 강자였던 소니의 트리니트론 Trinitron은 화질이나 가격 경쟁력 면에서 당시의 초기형 LCD, PDP보다 우위에 있었다. 적극적으로 움직인 경쟁사들과 달리 소니는 CRT TV 사업을 유지하는 한편 LCD, PDP 제품을 개발하는 데 상대적으로 소극적이었다. 하지만 디스플레이 시장이 전환되는 속도는 생각 이상으로 빨랐으며, 화질이나 가격 경쟁력 또한 CRT를 추월하기 시작했다. 반면, 여전히 CRT에 미련을 버리지 못하고 타사에서 생산한 화면 패널 등 핵심 부품을 납품받아 완제품을 생산하는 방식으로 LCD, PDP 시장에 대응하던 소니 TV의 경쟁력은 추락하기 시작했다. 특히 일찍부터 LCD, PDP 부분에 큰 자본을 투자해 기술력을 높여왔고, 가격 경쟁력까지 갖추고 있던 삼성전자, LG전자 등 한국 가전업체에 TV 시장을 빼앗기기 시작한 것이 치명타였다.[3]

고객은 대체로 현재 상태에서 조금 더 나은 성능을 바란다. 하지만 와해성 혁신은 단순한 성능 개선으로 얻어지지 않는다. 이것이 성공을 이뤄본 기업이 겪는 딜레마다. 고객이 원하는 수준만을 따라갈 것인가? 아니면 고객의 요구를 접어두고 새로운 성능을 제시할 것인가? 성공한 기업으로서는 쉬운 선택이 아니다. 우리나라 세계 1등 산업은 후발자의 추격도 거세지만 어디선가 준비하고 있을지 모를 와해성 혁신 기술로부터 위협받는다. 우리도 다른 나라의 세계 1등 산업을 위협할 만한 기술을 준비해야 한다. 그런데 과연 지금까지 성공해온 우리나라 기업은 와해성 혁신 기술에 도전할 수 있는 문화를 구축해놓았을까? 객관적으로 되짚어볼 필요가 있다.

Chapter 2.

R&D 조직 문화 어떻게 만들 것인가

우리나라 성장의 원동력이었던 빠른 추격자 전략은 효율만을 중시하는 문화를 만들었다. 선도형 제품 개발에 필수인 창의적 환경을 조성하는 데 이러한 문화는 걸림돌이 된다. 역설적으로 들릴 수 있겠지만, 작금의 세계 1등 산업을 만들며 성공해본 기업일수록 새로운 선도형 제품을 개발하려면 조직 문화 변혁이 절실하다. 선도형 제품 개발을 위한 바람직한 조직 문화는 무엇일까?

1997년 5월, 한국경제신문에 "연구원의 여섯 가지 특성"이라는 작은 기사가 실렸다. 해당 기사는 영국 《파이낸셜 타임스Financial Times》에 실렸던 기사를 전재한 것으로 미국에 있는 리더십 전문 컨설팅 회사인 블레싱 화이트 사Blessing White Inc.의 연구 결과를 인용하고 있었다. 나는 이 기사를 수첩에 끼워두고 틈틈이 꺼내 보며 어떻게 연구원의 특성을 잘 살리면서 연구 개발을 할 수 있을지 늘 고민했다. 너덜너덜해질 만큼 본 그 기사에 게재된 연구원의 여섯 가지 특성은 다음과 같다.

1. 연구원은 자율적인 분위기를 좋아한다. 성취 지향적 연구원은 일에서 삶의 동기를 찾으며 관리자 감독을 극도로 싫어한다.
2. 연구원은 고도의 기술 개발 활동에서 자아를 성취한다. 조직의 방침이 자신이 설정한 목표에서 벗어날 때 일할 맛을 잃는다.
3. 최신 기술이 하루가 다르게 등장하는 전자산업에서와 같이 자신의 성과가 추세를 따라잡지 못하고 뒤처진다고 느꼈을 때 좌절한다.
4. 회사에 대한 충성심보다는 연구원 집단의 원칙과 윤리 의식에 더 충실하다.
5. 조직의 목표에 열광하는 편은 아니지만 제대로 방향이 잡혔다고 생각하면 무섭게 집중한다. 따라서 진행 중인 프로젝트를 취소하거나 다른 프로젝트를 강요할 경우 치명적일 수 있다.
6. 독립성이 강하지만 지나친 경쟁 분위기는 불안감을 조성해 연구에 차질을 빚게 할 수 있다. 연구원들은 대부분 자료와 지식을 교환하는 동료 집단의 일원으로서 소속감을 중요시한다.

해외 연구 사례지만 한국 연구원들에게도 똑같은 특성이 있다. 이 기사를 여러 사람과 공유하고 의견을 물었을 때 대다수가 분석한 내용에 연구원의 특성이 잘 반영되어 있다고 평가했다. 이와 같은 특성을 연구원이 아닌 사람들은 어떻게 받아들일까? 기업의 영업이나 생산 쪽 사업 부문에 속한 직원들은 좋아하지 않는 경우가 많다. 사업부장과 같은 경영직 임원들도 그다지 반기지 않는다. 연구원들이 자율적인 분위기를 좋아한다는 부분에서 기강이 제대로 서 있지 않다고 느끼거나 다른 부서 직원들과 비교했을 때 회사에 대한 충성심이 현저히 떨어진다고 생각하기도 한다. 그렇다면 연구원들이 영업이나 생산에 근무하는 사람들과 비슷한 특성을 갖도록 교육하는 것이 옳은 방법일까? 그런 일이 가능하긴 할까? 실현 가능성은 매우 희박하다. 그렇다면 연구원들은 왜 이런 특성을 갖게 되는 걸까? 태어날 때부터 그럴 수밖에 없는 DNA를 가졌다기보다 연구원이 되기까지 받는 전공 교육, 훈련의 과정, 그리고 일하는 환경이 그들에게 큰 영향을 미쳤을 것으로 생각한다. 연구를 진행하면서 독립적으로 일하는 방법을 배우고, 전문 분야를 심도 있게 익힌다. 전공을 깊이 파고들면 같은 분야에서 교류할 수 있는 인원도 점차 줄어들기 마련이다. 이에 반해 대다수의 연구원은 순수하고 열정이 있고 호기심도 많다. 집중력 또한 좋다는 강점이 있다. 이 모든 것을 포함한 연구원들의 특성을 바꾸는 일은 연구를 그만두지 않는 이상 불가능할 것이다.

사람마다 본인이 수행하는 업무의 성격에 따른 고유한 특성이 있다. 영업, 생산, 회계, 인사 등 각 부문에서 일하는 구성원들을 생각했을 때 자연스럽게 직무별로 상이한 특성을 떠올리게 된다. 따라서 현명하게 조직을 운영하려면 그 조직 구성원의 특성을 고려해야 한다.

그렇다면 연구원의 여섯 가지 특성을 바탕으로 조직 문화를 만들기 위해서는 어떻게 해야 할까? 먼저 첫 번째, 자율적인 분위기를 좋아하고 관리 감독을 싫어하는 연구원의 특성을 고려하여 무엇보다 자율적 조직 문화를 만들어야 한다. 연구 조직이라면 누구나 자율이 기반된 조직 문화를 열망한다. 그러나 이러한 문화를 만드는 과정 중에 누군가는 자율을 방임으로 볼 수도 있다. 내부나 외부에서 자율의 문화를 방임의 문화로 여기지 않도록 조직 문화를 설계할 때 시간을 들여 세심한 노력을 기울이는 것이 중요하다. 두 번째, 연구원은 고도의 기술 개발 활동에서 자아를 성취하고 조직의 방침이 자신이 설정한 목표에서 벗어날 때 일에 흥미를 잃는다는 특성이 있다. 그러므로 연구에 몰입할 환경을 조성하는 것이 중요하다. 조직이 추구하는 방향 아래서 연구원들이 연구에 몰입할 수 있는 분위

연구원은 무엇으로 사는가

기를 만들어야 한다. 몰입해야 창의성도 발현된다. 세 번째 특성을 보완하기 위해 최신 기술이나 연구원들이 관심 두는 기술을 연구하도록 장려하는 방안이 마련되어야 한다. 하고 싶은 일을 할 때 도전할 열정도 생기고 몰입할 수 있다. 연구원들은 호기심이 강하기 때문에 스스로 연구 과제를 찾아내서 도전할 수 있는 환경과 제도를 만들어주는 것이 효과적이다. 네 번째, 회사에 대한 충성심보다는 연구원 집단의 원칙과 윤리 의식에 더 충실한 연구원의 특성을 고려하여 원칙 중심으로 조직을 운영해야 한다. 공유가치를 정하고 연구원과 리더들 모두가 이를 지켜나가야 한다. 원칙이 무너지는 것은 R&D 조직에 치명적이다. 정해놓은 원칙이 잘 지켜지지 않는다고 느낀 연구원이 경영층에 이의를 제기하고 개선을 요구할 수 있는 채널도 마련해야 한다. 다섯 번째, 진행 중인 프로젝트를 취소하거나 다른 프로젝트를 강요할 경우 치명적인 영향을 받는 연구원의 특성을 반영하여 프로젝트를 변경한다면 진정성 있게 설득하고 새로운 기회를 제공해야 한다. 도전했다가 실패해도 새로운 기회를 줌으로써 높은 목표에 다시 도전할 수 있는 환경을 조성해야 한다. 마지막으로 동료 집단의 일원으로서 소속감을 중요시하는 연구원의 특성을 더 높은 차원으로 승화시킬 협업 문화를 만들어야 한다. 연구원들은 동료 의식이 강하다. 협력할 수 있는 분위기가 조성되면 기대 이상의 결과를 만들어낸다.

지금까지 논의한 연구원의 여섯 가지 특성에 따른 바람직한 조직 문화 구축의 방향은 크게 자율과 창의의 문화, 협업의 문화, 그리고 도전의 문화 세 가지로 압축할 수 있다.

세계적인 경영 석학 게리 하멜Gary Hamel은 그의 저서 《경영의 미래The Future of Management》[4]에서 인간의 본성에 맞는 조직 운영의 중요성을 역설한 바 있다. 그동안의 경영은 창의성, 열정 등 인간이 지닌 본래의 특성을 무시한 채 통제와 규제, 관리를 통한 경영으로 일관해왔다는 것이다. 미래의 경영은 결국 인간의 본성에 기반해야 한다고 그는 주장한다. 그것이 바로 미래 경영의 핵심이다. 연구 개발도 마찬가지다. 연구 개발 활동을 수행하는 연구원의 특성을 배제한 채 획일적으로 운영하면 그들이 가지고 있는 역량을 최대로 끄집어낼 수 없다. '어떻게 역량을 최대로 발휘토록 할 것인가'를 고민해야 한다. 조직 운영의 핵심은 구성원의 특성을 최대한 반영하여 조직을 운영하고 이를 최대 성과로 연결시키는 것이다. 연구원의 특성을 이해하면서 선도형 제품을 개발하기 위해 만들어가야 할 바람직한 조직 문화를 좀 더 구체적으로 살펴보자.

자율과 창의의
문화

자율과 창의라는 단어는 씨줄과 날줄 같은 관계다. 자율적이지 않은 조직에서 창의가 생겨날 수 없다. 창의적으로 일하라고 말로만 요구해서는 절대 창의적인 조직이 되지 않는다. 자율성을 존중하는 조직 문화와 시스템이 뒷받침되어야만 창의적 조직이 될 수 있다. 창의의 필수 조건과도 같은 자율은 자유와 구별된다. 자유는 외부적인 구속 등 무엇에도 얽매이지 않고 자기 마음대로 할 수 있는 상태라고 정의할 수 있다. 자율은 남의 지배나 구속을 당하지 않고 자신의 원칙에 따라 어떤 일을 하는 경우를 말한다. 두 개념의 차이는 자기 원칙이 있는지에서 생긴다. 기업에서의 자율은 정의보다 좀 더 제한된 개념이라고 볼 수 있다. 기업 연구를 예로 들면, 원칙적으로 자기가 원한다고 해서 마음대로 원하는 과제를 할 수 없다. 뿐만 아니라 스스로 하고자 하는 과제도 회사의 사업 전략에 따른 기술 전략과 맞지 않으면 수행할 수 없다. 연구원은 회사의 현재, 그리고 미래의 사업 영역 내에서 유용한 연구 과제를 스스로 발굴하여 주도적으로 수행해야 한다. 이러한 의미로 기업에서의 자율은 '인도된 자율Guided Autonomy'에 가깝다.

흔히 자유분방하게 사고할 때 창의적 아이디어가 나온다고 말한다. 그러나 사실 창의적 아이디어는 몰입의 결과물이다. 특정 사안에 몰입해 있을 때 사소한 인풋이 촉진제가 되어 새로운 아이디어로 이어진다. 사과나무를 바라보다가 발견한 만유인력의 법칙도 우연이 아닌 몰입의 결과다. 몰입 상태가 아니라면 위대한 발견까지 이어지기 어렵다. 몰입은 타인에 의해서 가능한 것이 아니기 때문에 창의를 끌어내기 위해서는 자율이 꼭 필요하다. 그리고 자율과 창의 사이에 몰입이라는 중개자가 있다. 큰 틀 안에서 자율을 최대한 허용하여 구성원의 상태가 몰입으로 이어지고 결국 창의로 발현될 수 있도록 조직 문화를 만들어야 한다. 이것이 기술 혁신을 위한 조직 문화 구축에 있어 가장 중요한 첫 기둥이 된다.

공유가치

기업이 전략을 수립할 때 첫 번째로 진행하는 단계는 비전과 공유가치, 목표를 정하는 일이다. 마치 큰 강물의 발원이 깊은 산 속 작은 옹달샘인 것처럼 기업 전략의 시작점은 비전과 공유가치다. 이후에 외부, 내부의 환경이나 전략적 선택을 위한 기회, 위협, 강점, 약점 등을 분석하고, 구체적인 실행 전략들을 만드는 과정을 거친다. 목표는 기업이 처한 상황에 따라 짧은 시간에 변경이 가능하지만, 비전과 공유가치는 중장기적으로 기업이 달성하고자 하는 모습을 담고 있어 상대적으로 더욱 중요하고, 변경 가능성은 적다.

공유가치는 자율과 창의를 끌어내는 문화를 구축하기 위한 기초 공사다. 설정된 공유가치는 구성원들이 자율적으로 판단하고 실행할 수 있게 돕는 나침반 역할을 하기 때문이다. 나는 LG화학 기술연구원의 공유가치를 '신뢰, 창의, 도전, 프로정신'으로 정했다. 물론 회사의 공유가치가 있지만 그것을 구현하기 위한 연구 부문의 공유가치를 별도로 만든 것이다. 신뢰는 나머지 세 가지 가치의 기반이 되며 모든 구성원이 함께 일하는 데 있어 꼭 필요한 가치다. 신뢰 없이는 지식과 경험, 기술을 공유할 수 없다. 신뢰라는 튼튼한 주춧돌 위에 창의, 도전,

프로 정신이라는 건실한 기둥이 만들어져야 폭풍우에도 끄떡없는 집을 지을 수 있다.

협업을 통해 연구 개발을 할 때 문제가 되는 것 중 하나가 연구에 기여한 부분을 어떻게 인정할 것인지다. 예를 들어, 한 연구원이 동료로부터 좋은 아이디어를 얻어서 문제를 해결했다. 그런데 이 연구원이 자기 스스로 모든 것을 해결한 것처럼 공표하고 다니면 아이디어를 준 동료는 그 연구원과 경험, 지식, 기술을 또다시 공유하지 않을 것이다. 기여에 관한 알맞은 기준이 없어 제대로 인정받지 못할 때 신뢰가 무너진다. 이와 같은 상황을 미연에 방지하려면 특허 출원이나 논문 발표 시 연구 기여도를 책정하여 반영하고, 연구 성과에 대해 포상할 때 기여한 사람들을 빠짐없이 포함하는 등의 노력이 필요하다. 하지만 이러한 노력만으로 기여도 평가에 관한 문제를 완전히 해결하기 어렵다. 제도적 장치도 물론 중요하지만, 무엇보다 구성원 간에 신뢰를 형성하는 일이 우선이다. 지식 경영 Knowledge Management을 추진할 때도 지식 경영 시스템이나 제도만을 강조하는 경우가 많은데, 가장 중요한 것은 인간적인 신뢰를 구축하는지 여부다. 신뢰 없이는 시스템도, 제도도 제대로 작동하지 않는다. 다른 사람을 위해 내가 노력한 부분을 인정받고, 나도 다른 사람의 기여를 인정하겠다는 상호 신뢰가

연구원은 무엇으로 사는가

없으면 서로 간의 협력은 불가능하며 좋은 연구 결과 또한 나올 수 없다. 이때 연구 리더들의 역할이 중요하다. 리더들은 구성원들 간의 기여도 평가가 객관적이고 합리적으로 될 수 있도록 중재자 역할을 잘해야 한다. 신뢰가 무너지면 모든 것이 무너진다.

창의는 어느 조직에나 필요하지만, 연구 개발 조직에서는 특히 무엇보다 강조되는 가치라 할 수 있다. 기업 연구소에서의 창의는 단순한 발견이나 깨달음보다 고객을 염두에 둔 새로운 아이디어를 의미한다. 아무리 창의적인 아이디어도 고객에게 새로운 가치를 제공하지 못한다면 소용없다. 창의적 아이디어로 고객을 위한 가치를 창조해내고자 노력해야 한다.

'승자의 저주Winner's Curse'라는 말이 있다. 성공한 조직이나 사람이 그 성공으로 인해 결국 몰락하게 되는 현상을 일컫는다. 자신의 성공 요인을 뛰어넘는 도전을 하지 못할 때 발생하는 일이다. 모든 성공 뒤에는 도전이라는 두 글자가 늘 함께한다. 도전 없는 성공이란 있을 수 없기 때문이다. 도전이 지향해야 할 매우 중요한 가치라는 점에 의심은 없지만, 어떤 일에 과감히 도전할 수 있는 풍토와 문화가 구축되어 있지 않다면 절대 실현될 수 없다. 높은 목표를 향한 도전이 성공하지 못하고 실패로 끝나더라도 그 도전의 가치를 인정하고 다시 도전할 수 있도록 기회를 줄 때 비로소 그 험난한 시도는 빛을 발한다.

창의와 도전이 조직 차원의 가치라면, 프로 정신은 개인 차원의 가치라 할 수 있다. '스스로에 대한 엄격함'은 아마추어와 프로의 차이를 만드는 기준이 된다. 프로 야구 선수는 경기 시간에 절대 늦지 않는다. 오히려 몇 시간 전에 도착해 스스로 충분히 몸을 풀어놓고 경기를 시작할 때 몸이 최고의 상태가 될 수 있도록 미리 준비한다. 감독이 일찍 와서 준비하라고 지시할 필요가 없다. 이것이 바로 프로 정신이다. 프로는 자기 자신에게 엄격하고, 스스로 일에 최선을 다하며, 자신이 한 일에 대해 냉정히 평가받는다. 그뿐만 아니라 남에게서, 주변에서 변명의 이유를 찾지 않는다. 평가 결과를 겸허히 받아들이고 다시 일로써 평가를 받는 것이 진정한 프로의 자세다. 스스로에 대한 엄격함으로 무장한 구성원들은 상사의 간섭과 관리가 별로 필요하지 않다. 자율적으로 조직이 굴러가는 것이다.

전략 공유

전략이라는 용어가 통상적으로 사용되기 시작한 것은 18세기 말부터다. 경영 전략의 창시자로 인정받고 있는 마이클 포터Mi-

신뢰, 창의, 도전
그리고 프로 정신으로 뭉친
구성원이라면 어떤 역경도
두렵지 않을 것이다.
신뢰를 바탕으로 한 창의적인
아이디어가 넘쳐나고,
실패를 두려워하지 않고 도전하고,
스스로 엄격한 프로들이 모여서
자율적으로 굴러가는 조직,
바로 우리가 지향해야 할
조직의 모습이다.

chael Porter 교수가 경쟁 전략Competitive Strategy, 경쟁 우위Competitive Advantage를 주창한 이후 전략을 수립하는 것은 기업의 가장 중요한 일로 자리 잡았다.《전략의 역사Strategy: A History》[5]를 저술한 로런스 프리드먼Lawrence Freedman 교수는 좋은 전략에 관해 다음과 같이 정의한다. "모든 불확실한 변수들이 돌발적인 상황에 맞춰 유연하게 적응할 수 있어야 한다. 해결해야 할 문제점들을 선명하게 인식하면서도, 각각의 연속적인 단계에서 기존의 가능성이 닫히고 새로운 가능성이 열릴 때마다 매번 상황을 새로이 평가할 수 있어야 한다." 덧붙여 그는 전략을 유연하게 수립하는 것이 중요하다고 강조했다.

기업에서는 유연한 전략보다 될 수 있는 한 구체적이고 치밀한 전략을 더 잘 짜인 전략으로 대우한다. 구체적이고 치밀한 전략을 짜기 위해 연간 단위의 구체적인 계획, 더 나아가 월간 단위의 실행 계획을 짜는 경우가 있다. 그리고 각각의 기능과 조직별로 월간 단위의 계획까지 수립하면 아주 치밀한 전략이 될 수 있다. 아귀가 딱 맞는 흡족한 계획처럼 보인다. 하지만 사업 환경이 급격히 변하는 와중에 치밀한 전략을 짜려면 너무 많은 시간과 노력이 투입된다. 과도하게 구체적인 전략은 사실상 낭비다. 이러한 관점에서 완전히 무결하고 구체적인 전략을 수립한다는 것은 애초에 불가능하다. 상황 변화에 맞춰 대응 전략을 수립하는 '시나리오 계획Scenario Planning' 기법도 있지만, 변화하는 모든 상황을 고려한 전략을 미리 수립하는 것은 득보다 실이 더 크다. 전략은 사업 환경의 변화를 흡수할 수 있도록 장기적 관점에서 본질에 관한 큰 그림을 그리는 정도면 충분하다.

전략을 구체적으로 실행할 때에는 조직 구성원들이 상황에 맞게 민첩한Agile 대응을 할 수 있어야 한다. 이를 위해 가장 중요한 행위는 바로 전략을 공유하는 것이다. 중요한 전략이라는 이유로 상위 계층 일부만 그 내용을 인지하고 구성원에게 공유하기를 기피하는 경우가 많다. 알려지지 않은 전략은 장롱 속 애물단지가 된다. 실행이 수반되지 않는 '보고서 전략'으로만 남는 것은 누구에게도 달갑지 않은 일이다. 수립된 전략은 구성원에게 공유되어야 진가를 발휘한다.

LG그룹에서는 콘센서스 미팅이라는 회의를 통해 계열사별로 1년에 한 번 중장기 사업 전략과 연구 개발 전략을 수립해 지주사(회장)에 보고한다. 콘센서스 미팅이 끝나면 당시 원장이었던 나는 전 연구원을 강당에 모아 이를 공유했다. 물론 극비에 부쳐야 할 내용은 부득이하게 일부 생략하기도 했으나 가능한 한 모든 내용을 함께 알고자 했다. 여느 때와는 달리 이 모임은 참석자가 유독 많았다. 심지어 자리가 부족해 서서라도 참여하는 연구원이 많았다. 그만큼 해당 과정에 관한 연구원들의 관심이 컸다. 이와 같이 전략에 관한 내용을 세세하게 알 때 구성원들은 수립된 전략 방향에서 본인의 역할과 위치를 파악할 수 있고, 여러 변수를 맞닥뜨려도 자율적으로 세세한 내용을 결정할 수 있게 된다. 연구 개발자의 경우 특히 수립된 전략 안에서 미래를 어떻게 준비해야 할지 미리 고민할 수 있기 때문에 전략 공유는 더욱더 필수다. 연구 개발 과제는 아무 때나 바로 만들어낼 수 없다. 슈퍼마켓에서 물건을 사듯이 빠르게 얻을 수 있는 것이 아니다. 상사가 빨리 과제를 만들어내라고 다그친다고 나오는 것도 아니며 시간이 필요한 일이다. 전략적으로 잘 짜인 큰 그림 아래서 연구원 스스로 연구 아이디어를 발굴해내는 조직이 지속해서 성장할 수 있는 기업으로 살아남을 수 있다.

신 연구 위원 제도

영업, 생산, 연구 개발, 마케팅, 재무, 기획 등 기업이 갖춰야 할 중요한 기능 중 지속가능성을 위해 가장 필요한 한 가지를 선택해야 한다면 무엇을 골라야 할까? 대다수가 연구 개발을 떠올릴 것이다. 기업을 생존하게 하는 제품과 서비스가 지속해서 개발되지 않으면 기업의 지속가능성을 확보할 수 없기 때문이다. 연구 개발에서 핵심은 연구 과제다. 그리고 그 연구 과제의 핵심은 과제를 만들어내는 연구원이다. 결국 얼마나 우수한 연구 인력을 보유하느냐가 기업의 지속가능성에 영향을 미치는 핵심 요인이다. 연구 인력을 어떻게 잘 관리하여 뛰어난 연구 과제를 만들고 이를 통해 기업의 성과와 지속가능성에 기여토록 할 것인가는 기업에 매우 어렵고 중요한 숙제다.

　국내 대부분 대기업에는 연구 위원이란 직위를 가진 사람들이 있다. 연구 인력을 효과적으로 관리하고 육성하기 위해 이와 같은 연구 위원 제도를 운용한다. 미국의 다수 기업에서 연구원의 경력 관리에 대해 고민하다가 70년대부터 본격적으로 '이중 전문직 제도Dual Ladder System'를 도입하기 시작했다. 연구원들이 연구를 수행하며 본인의 '경력 경로Career Path'를 선택할 수 있도록 한 것이다. 이는 연구를 지속하면서 계속 성장하기를 원하는 사람은 연구 전문직Professional Ladder으로, 연구 관리에 관심이 있는 사람은 연구 경영직Managerial Ladder으로 갈 수 있도록 한 제도다. 인사 전문 컨설팅 회사 휴잇 어소시에이츠 Hewitt Associates의 연구에 의하면 이중 전문직 제도는 해당 체제를 도입한 기업의 67%가 도입 이후 성과가 향상됐다고 답할

만큼 경력 관리에 효과적이다.[6]

국내에서는 90년대 초반 LG화학을 비롯한 몇몇 기업에서 연구 위원 제도를 도입하기 시작했으며 지금은 다수의 대기업에서 운영 중이다. 이는 연구를 잘하는 사람도 임원의 처우를 받으면서 연구에 전념할 수 있게 하는 목적으로 추진됐다. 그러나 시간이 지나면서 연구 위원 제도는 현실적인 필요에 따라 변질되어 본래의 도입 목적을 조금씩 잃어갔다. 연구 전문직과 연구 경영직이 구분되어야 함에도 불구하고 연구 전문직으로 선임된 연구 위원의 상당수가 연구 경영직이라 할 수 있는 연구소장처럼 조직의 책임자 역할을 맡는 일이 벌어졌다. 연구를 잘하면서도 연구 관리를 잘하는 사람은 연구 위원에 선임된 후 연구 경영직으로 이동이 가능했다. 그러나 선임의 편의에 따라 연구 위원 중 나이가 많은 사람 위주로 조직장에 임명되면서 많은 수의 연구 위원이 연구 경영직으로 이동하게 됐다. 마치 연구 위원을 맡는 것이 연구 경영직으로 가는 통로처럼 인식되면서 본래의 취지와 다르게 여러 부작용을 낳았다.

연구 위원은 연구를 잘해서 선임된 것이기 때문에 연구 경영도 잘할 거라는 보장이 없다. 스타 플레이어 축구 선수 출신 감독이 좋은 축구팀을 만든다는 보장이 없는 것과 마찬가지다. 관리 역량이 없는 연구 위원이 연구소장을 맡게 되면 조직에는 재앙일 수 있다. 연구를 잘하던 사람이 연구가 아닌 업무를 맡아 성과 창출에 기여하지 못하게 되고, 게다가 연구 관리까지 엉망으로 해서 조직 전체의 연구 성과 창출에 부정적인 영향을 끼칠 수 있기 때문이다. 또한 연구 부문에 임원 처우를 받는 연구 위원들이 많이 생겨나면서 일반 경영직 임원과 같이 일정 인원을 매년 해임해야 한다는 주장이 커졌고, 실제로 이는 현실화됐다. 연구 성과를 잘 내던 사람이 연구 위원으로 승진되는 바람에 한창 연구할 수 있는 이른 나이에 쫓겨나는 웃지 못할 상황이 벌어진 것이다.

LG화학에서는 이러한 기존 연구 위원 제도의 문제점을 해결하고자 2008년부터 신 연구 위원 제도를 시행하고 있다. 이중 전문직 제도가 지향했던 본연의 취지에 맞게 연구원들이 연구에 몰입하여 창의적인 연구 결과를 낼 수 있도록 연구 위원 제도를 운용하자는 것이 핵심이다. 그에 따라 연구 전문직 경력 경로와 연구 경영직 경력 경로를 확실히 구분하여 운영한다. 연구 위원은 연구 전문직을 위한 직급이다. 연구만 열심히 해도 연구 위원이 되어 계속 성장할 수 있고, 꼭 연구소장과 같은 경영자가 되지 않더라도 연구만 열심히 하면 그에 따른 충분한 보상과 대우를 받는다. 연구 위원 중 관리 역량이 있는 사람은 본인이 원할 경우 연구 경영직으로 이동할 수 있다. 하지만 연구 경영자로 근무하다가 개인 사정이 생겨 연구 위원으로 이동하는 것은 원칙적으로 금지되어 있다. 기준을 엄격하게 세워 연구 능력이 없는 경영직 종사자가 연구 위원직을 편안한 안식처로 여기는 것을 원천 봉쇄했다.

일반적으로 연구 위원이 되면 임원 신분이 된다. 기업에서는 제한된 인원만 임원이 될 수 있다. 직원들보다 훨씬 좋은 처우를 받기 때문이다. 그래서 과거 연구 위원 제도에서는 몹시 적은 수의 연구원만 연구 위원이 될 수 있었다. 임원은 직원처럼 정년이 보장되지 않는다. 회사의 재신임을 얻지 못하면 회사를 떠나야 한다. 반면 새로운 연구 위원 제도에서 연구 위원으로 선임된 연구원은 임원이 아닌 직원 신분을 유지하도록 했다. 초기 급여는 임원보다 적지만, 3년마다 평가를 통해 임원의 처우를 능가하는 연구 위원 인센티브를 받을 수 있다. 인센티브는 연구 역량의 시장 가치를 고려하여 정하도록 했다. 또한, 초기에 연구 위원을 선임할 때 인당 비용이 적기 때문에 과거 임원으로 선임되던 연구 위원 수보다 훨씬 많은 수의 연구위원이 임명될 수 있게 됐다. 기존 제도에서는 매년 1~2명 정도의 임원 연구 위원이 선임되던 것에 비해 새로운 제도에서는 10여 명의 연구 위원이 선임되고 있다. 실제 제도가 도입된 이후 많은 연구원이 신 연구 위원 제도에 만족했다. 극소수만 연

연구원은 무엇으로 사는가

구 위원이 되던 과거와는 달리 연구원 누구나 열심히 연구하면 연구 위원이 될 수 있다는 생각을 많이 갖게 됐다. 그뿐만 아니라 요즘은 대부분의 연구원이 연구소장보다는 전문가로서 연구에 몰입하는 연구 위원을 꿈꾼다. 정년 후에도 역량만 인정받으면 나이와 상관없이 계약을 통해 연구 개발을 지속할 수 있는 새로운 길이 만들어졌다.

기술 전쟁이 첨예하게 일어나고 있는 이 시대에 연구만을 일생의 업으로 생각하는 연구 전문가가 많은 기업이야말로 지속해서 발전하는 기업이 될 수 있다. 외국의 소위 잘나가는 기업에서는 경험 많고 노련한 60, 70대 연구자들을 많이 볼 수 있다. 나 역시 연구원으로 갓 근무를 시작했을 때 외국에서 온 나이 많은 연구 위원급 연구 전문가들을 보며 저렇게 멋지고 중후한 연구 전문가가 되고 싶다고 생각하곤 했다. 응용 과학과 공학 기술 분야는 경험이 매우 중요하다. 우리나라에는 연구원이 50대가 되면 마치 더는 연구를 할 수 없을 것 같이 여기는 분위기가 있다. 이는 잘못된 생각이다.

몇 년 전 한 연구 위원이 정년을 맞았다. 그때까지 단 한 번도 정년을 채운 연구원이 없었다. 당시 그는 새로운 연구 위원 제도를 통해 계약직으로 2년 더 채용되어 연구를 계속할 수 있었다. 그가 가진 지식, 기술과 경험을 그대로 버리기는 너무

기술 전쟁이 첨예하게
일어나고 있는 이 시대에 연구만을
일생의 업으로 생각하는 연구 전문가가
많은 기업이야말로 지속해서 발전하는
기업이 될 수 있다.

아까웠고, 후배들에게 그의 노하우를 전수할 시간도 더 필요했기 때문이었다. 이런 사례는 앞으로 더욱 자주 생겨날 것이다. 자신이 몸담은 분야를 수십 년간 연구한 전문가가 넘치는 기업의 경쟁력은 막강하다. 경영자가 돼야만 성공한 것으로 여기는 사회 풍조는 우리나라의 경쟁력을 갉아먹는다. 사회적 인식도 바뀌어야 한다. 연령대가 높은 연구원이 연구 책임자나 연구 센터장, 연구소장 등의 직책을 갖지 않았을 때 그 사람의 능력 자체에 의구심을 갖는 것은 올바르지 않은 고전적 잣대를 들이대는 행동이다. 나 또한 '당신 밑에 있는 연구원이 몇 명입니까?'라는 질문을 자주 듣곤 했다. 휘하의 연구원 수로 그의 능력을 평가하려는 태도도 버릴 필요가 있다. 연구에 몰두해온 전문가들이 사회적으로 인정받고 그들의 처우도 개선된다면 대한민국의 고질적 문제 중 하나인 이공계 기피 현상을 해소하는 데 도움이 되리라 믿는다. 연구 전문가들이 묵묵히 자기 분야에서 일생동안 정진하며 쌓은 기술들은 분명 대한민국의 지속적인 발전에 청정한 연료가 될 것이다.

리더의 일관성

━━━

기업 및 채용 정보를 제공하는 잡코리아가 1년 이내 신입 사원이 퇴사하는 결정적 이유를 조사[7]한 바 있다. 대기업과 공기업 부문에서 퇴직하는 첫 번째 이유는 실제 업무가 생각한 것과 다르기 때문이고, 두 번째는 상사나 직장 동료 등과 사이가 좋지 않아서였다. 실제 업무가 생각했던 것과 다를 때는 애초에 잘못된 선택을 한 경우일 수 있으나 사실상 직장 생활을 하다가 퇴직을 결심하게 되는 가장 큰 이유는 후자다. 상사나 직장 동료와 사이가 좋지 않은 데는 여러 가지 이유가 있을 것이다. 나의 경우 일관성 없는 상사를 만났을 때 가장 힘들었고, 관계도 좋지 않았다. 자기 일에 대한 최종 결정을 맡겨야 하는 상사의 생각과 행동을 어느 정도 예측할 수 없다면 매일 살얼음판일 수밖에 없다. 이해하기 어려운 다양한 이유로 매일 같이 업무에 제동을 건다면 하루에도 몇 번씩 일을 집어치우고 싶은 생각이 들기 마련이다. 최근에야 소위 '갑질'하는 상사를 신고라도 할 수 있는 분위기가 형성됐지만 일관성 없는 상사와 일하는 것은 냉가슴을 앓는 것과 같다. 오히려 인간적으로 좋아하지 않더라도 나름 일관성을 가진 상사가 일하기에는 훨씬 수월하다. 자율과 창의가 중요시되는 조직에서 일관성 없는 리더

연구원은 무엇으로 사는가

자율과 창의가 중요시되는
조직에서 일관성 없는 리더는
그야말로 최악이다. 리더의 생각과
행동이 예측 가능해야 구성원은
자율적으로 판단해서 일을 추진하고,
몰입을 통해 창의적인 아이디어도
만들 수 있다.

는 그야말로 최악이다. 리더의 생각과 행동이 예측 가능해야 구성원은 자율적으로 판단해서 일을 추진하고, 몰입을 통해 창의적인 아이디어도 만들 수 있다.

예를 들어서 조직장이 부하 직원인 부서 책임자와 평소 자신의 경영 철학을 매우 자세히 공유했다. 그 조직장과 부서 책임자는 특정 사안에 대해 거의 유사한 결정을 할 정도가 됐다. 조직장이 해외 출장 등으로 자리를 비울 경우 그를 대신하여 부서 책임자가 의사 결정을 하더라도 조직장의 생각과 거의 차이가 없었다. 조직장이 의사를 결정할 때 취하는 판단 기준과 그동안의 일관된 방향성을 그 책임자는 알고 있었기에 가능한 일이다. 상사가 일관성을 유지했다는 증거이기도 하다. 나와 이 책의 공저자는 그런 관계였다. 나는 회사의 기술을 총괄하는 책임자였고 그는 기술 기획 담당 임원이었다. 우리는 업무의 일관성을 함께 지켜나가는 것뿐만 아니라 연구 개발 전반에 대한 철학과 운영을 공유하고 수립하면서 실행에 옮겼다. 이 과정을 통해 상사와 부하의 관계를 넘어 동지적 관계를 형성할 수 있었다. 조직 전체 관점에서도 마찬가지다. 리더의 결정이 옳고 그름을 논하기 전에 조직의 리더가 어떤 생각을 하고 어떻게 결정할 것인가를 예측할 수 있을 때 그 조직은 자율과 창의가 살아 있는 조직이 된다. 상황에 따라 자기 생각을 미꾸라지 같이 바꾸는 상사들 때문에 부하들은 오늘도 고통받는다.

문화 촉진 프로그램

연구원에게 지식은 성장의 양분이며, 자존감은 성장의 뿌리다. 연구원들은 지식이 계속 공급되지 않으면 성장을 멈추거나 움츠러들고, 자존심에 상처를 받으면 그 영향으로 직장을 그만둘 생각도 한다. 지식에 대한 그들의 집착은 대단하다. 어찌 보면 무모하다고 할 정도다. 자신이 좋아하는 연구를 할 땐 그 일에 미친다. 연구원들이 끊임없이 성장하도록 지식을 습득해가며 자신이 좋아하는 연구를 할 수 있는 환경을 만들어주는 것은 연구소의 성장과 발전에 있어 매우 중요한 일이다.

'연구 동호회Research Informal, RI'는 이런 관점에서 매우 유용한 프로그램이다. 대부분의 회사는 복리 후생 차원에서 직원들이 구성한 동호회 운영을 지원하고 있다. 산악회, 사진 동호회 등을 만들어 함께 활동한다. 일반 동호회처럼 연구소에서 연구원들이 좋아하는 연구 분야나 주제에 대해 자유롭게 연구할 수 있도록 지원해주는 제도가 RI다.

보통 관심 분야가 비슷한 연구원들이 모여 RI를 구성한다. RI에는 회의비, 출장비, 실제 연구를 위한 시약 재료비, 전문가 초청 세미나 비용 등이 지원된다. 연구원이 업무 시간의 일부와 개인 시간을 활용하여 관심 있는 주제를 마음껏 연구할 수 있도록 해주는 것이다. 상당히 많은 수의 연구원이 RI를 구성하여 활동한다. 미국 제조업체 3M이나 구글에서도 업무 시간의 약 15%에 해당하는 시간은 자기 관심사에 따른 연구 활동을 허용하고 비용을 지원하고 있다. 사람들은 자신이 하고 싶은 일을 할 때 쉽게 몰입하고 가장 창의적인 상태가 된다. 이러한 활동은 단순히 연구원들의 지적 호기심 충족에 그치지 않고 새로운 연구 과제를 제안하는 것까지 이어지는 경우가 많다. 기업 내 연구소에서 근무하는 연구원이 관심을 보이는 분야나 주제는 대부분 사업화와 연결되다 보니 RI 활동 주제가 정식 연구 과제로 채택되기도 한다. 정식 연구 과제로 채택되면 자신이 낸 아이디어로 회사의 공식적인 지원을 받으며, 원할 경우 연구 책임자로 발탁돼 연구에 매진할 수 있다. 온전히 모든 시간을 자신이 좋아하는 일에만 쏟아부을 수 있다. LG화학의 케이블형 2차 전지 개발도 RI로부터 시작됐다. 보통 원통형이거나 사각형으로 만드는 전지를 새로운 방법으로 제조할 수 없을까 하는 생각에서 RI가 시작됐다. 그 후 자유자재로

연구원은 무엇으로 사는가

구부리거나 휘는 형태로 만들어보자는 아이디어로 이어졌다. 3차원적으로 유연한 형태를 띠는 전지는 상업화되기 전이지만 100여 건 이상 특허를 보유하게 됐다. 정식 과제도 아닌 RI에서 세계 누구도 시도하지 않은 독창적인 전지를 만들어낸 것이다.

인지 인류학자인 진 레이브Jean Lave와 에티엔 웽거Etienne Wenger가 1991년 《상황에서의 학습Situated Learning》[8]에서 처음으로 '실행 공동체Community of Practice, CoP'라는 용어를 사용했다. 이는 지식 실행 공동체, 학습 지식형 실행 공동체 또는 지식 공동체라고 불리기도 하며, 공통의 관심사를 가진 사람들이 일하며 학습해나가는 과정에서 자생적으로 만들어진 소규모 모임을 일컫는다. 모임을 통해 학습하고 새로운 지식을 창출하면서 전통적인 방식 또는 기존 방식에서 벗어나 개선하고 혁신할 방안을 함께 모색하는 비공식 조직이다. 실행 공동체는 어떠한 조직에나 존재할 수 있다. 실행 공동체 활동은 지식 경영이 형식지Explicit Knowledge를 축적하는 방편으로만 활용되는 것을 막고, 공동체 모임을 통해 암묵지Tacit Knowledge를 직접적으로 공유하고 전파하는 측면에서 매우 효과적이다. 유사한 개념인 기술 중심 실행 공동체Community of Technology, CoT 활동도 시도해볼 만하다. 유사한 기술을 연구하는 연구원들이 기술 공동체를 구성하여 관련 기술에 관해 논의하고 그 결과를 공유하는 활동이다. 이 과정으로 연구 조직 전반의 기술 수준을 높일 수 있을 뿐만 아니라 기술 역량이 부족한 연구원들도 CoT 활동에 참여하면서 자연스럽게 역량을 향상시킬 수 있다. 3D TV가 한창 유행하던 시절, 셔터 안경 방식이 아닌 편광 안경 방식의 3D TV에 세계 최초로 LG화학에서 만든 3D용 광학 필름이 탑재됐다. 상업적인 구현이 불가능했던 편광 안경 방식의 3D TV가 이 한 장의 필름으로 가능해졌다. 짧은 기간에 이 필름을 만들 수 있었던 이면에는 CoT가 있었다. 3D 기술에 관심 있는 관련 연구팀들이 모여 3D CoT를 구성했고 여기서 필름을 만들기 위한 최적의 공정 기술이 무엇인지 검토한 끝에 남들이 구현하지 못했던 최고의 공정 기술을 이끌어냈다. 기술에 관해 서로 논의하고 공유하고자 만든 비공식 모임에서 세계를 놀라게 한 혁신적 제품이 탄생한 것이다.

보다 창의적인 환경을 조성하기 위해 별도의 회의 공간을 만든 적이 있다. 디자인 회사에서 연구원들의 아이디어를 반영해 공간을 설계하고 조성했다. 모두가 동등한 위치에서 아이디어를 논의하기 위해 회의 테이블은 완전한 원형으로 택했다. 주변으로부터 방해받지 않고 혼자 사색할 수 있는 개인 의자도 마련했다. 지금은 많은 회사에서 개인 시간을 가질 만한 작은

연구원은 무엇으로 사는가

공간을 볼 수 있지만 당시엔 흔한 풍경이 아니었다. 시골 마을에 설치된 평상에 앉는 것처럼 다리 쭉 뻗고 앉아 자유롭게 아이디어를 논의할 수 있도록 소규모 회의 공간 개념의 아이디어 큐브도 설치했다. 이 모든 의견은 연구원들의 머릿속에서 나왔다. 창의적인 아이디어를 위한 자발적 노력의 일환이었다.

연구원들은 자신이 좋아하는 일과 관련된 지식을 온전히 받아들일 줄 알고, 자신이 좋아하는 일을 할 수 있으면 시켜서 움직이는 것이 아니라 스스로 일한다. 그리고 완전히 몰입한다. 이 순간에도 누구도 생각하지 못한 창의적인 제품이 탄생한다. 자율이 몰입으로, 몰입이 창의로 발현되는 과정이다.

협업의
문화

2000년대 중반 '개방형 혁신'이 등장한 이후 협업에 대한 관심은 지금까지도 식을 줄을 모른다. 협업은 왜 중요하고, 왜 해야 하는 걸까? 두 가지 이유가 있다. 첫 번째, 협업은 효율적이다. 기술의 융·복합화가 심화되고 있는 상황에서 협업 없이 기술과 제품을 개발해내기란 하늘의 별 따기다. 한 팀 또는 한 기업이 특정 기술과 제품을 개발하기 위해 A부터 Z까지 모두 추진한다면, 많은 인력과 시간이 투입될 수밖에 없다. 《하버드 비즈니스 리뷰Harvard Business Review》에 다국적 생활용품 기업 P&G는 다음 사례[9]를 들어 C&DConnect & Develop 전략을 소개했다. 감자 칩 프링글스에 글자를 인쇄하는 기술이 필요했던 그들은 이탈리아 볼로냐 대학의 교수와 협업했다. 그 교수는 케이크 위에 글씨를 인쇄하는 기술을 보유하고 있었다. P&G 내부에서 개발할 경우 2년 정도의 시간과 많은 투자가 필요했던 이 기술은 협업을 통해 적은 비용으로 1년 안에 개발됐다. 두 번째는 협업을 통해 개발된 기술이나 제품은 모방이 상대적으로 어렵다. 특히 여러 팀 또는 기업이 협력했을 경우에는 더 높은 진입 장벽을 구축할 수 있다. 《협업Collaboration》[10]의 저자인 모튼 한센Morten Hansen은 앞으로 기업의 경쟁 우위는 조직 내부에 흩어져 있는 자원을 효과적으로 연결하는 협업 역량이 될 것이라고 주장한다. 남이 쉽게 모방할 수 없기 때문에 지속적인 경쟁 우위 요소가 된다는 것이다.

　　우리는 협업에 관한 전통과 유전자를 가지고 있다. 많은 사람이 알고 있는 품앗이가 대표적인 예다. 품앗이는 특별한 보수 없이 서로의 일을 거들어주면서 노동을 교환하는 관습으로 이는 우리 민족 고유의 아름다운 유산이다. 서구 국가들은 기본적으로 개인주의 성향이 강하다. 수년 전 만난 독일의 한 글로벌 화학 기업의 최고 경영자는 "내부에서 두 팀을 협력하게 하는 것은 전쟁과 같다"고까지 말했다. 일본 또한 협력에서는 약점을 드러낸다. 적지 않은 일본인은 미세먼지가 많은 봄철이 아니더라도 혹여나 남에게 피해가 될까 봐 사시사철 마스크를 착용한다. 대체로 남에게 피해를 주지 않으려고 하다 보니 서로 돕고 어우러지는 문화보다 일정한 거리를 두려고 하는 습성이 강하다. 그에 비해 한국인은 기본적으로 공동체 의식이 높은 편이다. 나보다는 우리를 중요시한다. 일상에서 '우리 집', '우리 아내' 등의 우스꽝스러운 표현을 자연스럽게 쓰는 것만 봐도 알 수 있는 특성이다. 이러한 공동체 의식을 협업으로 연결하면 남들이 따라오기 어려운 우리만의 경쟁 우위를 충분히 확보할 수 있다. 더 나아가 기업 등 조직에서 이를 문화로 정착시킨다면 세계 어느 경쟁자보다 앞서 나갈 수 있는 강력한 무기를 확보하게 될 것이다.

집단 지성 활용

1998년 대학수학능력시험에서 천재 소녀로 불리던 한 학생이 만점을 받았다. 수능 역사상 첫 만점이었다. 이후 서울대 물리학과를 졸업하고 미국의 메사추세츠 공대에서 박사학위를 받은 그는 국내 일간지와의 인터뷰[11]에서 이렇게 말했다. "아무리 잘난 사람도 남과 더불어 하는 사람을 못 이긴다는 생각을 많이 하게 됐어요. 사람이 아무리 똑똑해도 혼자 할 수 있는 일은 한계가 있잖아요. 초인적 두뇌를 가진 천재가 있다고 해도

연구원은 무엇으로 사는가

결국 시간이라는 제약은 못 넘죠. 머리를 맞대고 힘을 모으지 않고는 좋은 연구를 하기가 어려워요." 하버드 대학교 경영대학원 린다 힐Linda A. Hill 교수는 관리보다 혁신이 더 중요한 이 시대에 직원들이 스스로 연구하고, 토론하고, 아이디어를 고안할 수 있는 기업 문화와 업무 환경을 리더가 조성해야 한다고 강조한다.[12] 이를 통해 집단 천재성을 불러일으켜야 한다는 것이다. 집단 천재성은 기업이나 조직의 구성원들이 각자 역량을 발휘해 집단 전체로서 혁신을 이뤄내는 능력을 말한다. 개개인은 천재가 아닐지라도 아이디어를 교환하고 함께 발전시키면 천재적인 결과를 낳을 수 있다. 힐 교수는 뛰어난 조직을 만드는 세 가지 요소로 협업, 발견적 학습, 통합적인 의사 결정을 제시했다. 조직은 창조적인 의견 마찰을 통해 성공적으로 협업하고, 이를 통해 찾은 아이디어를 빠르게 실험하고 시행착오를 겪으며 함께 성장한다는 것이다. 그러므로 아이디어를 통합하는 과정에서 의견 충돌이 있을 때 리더가 독단적으로 결정을 내리기보다는 각 직원이 스스로 고민해서 다양한 아이디어를 융합하는 분위기를 만들어야 한다. 구성원들의 집단 지성을 어떻게 활용하느냐가 승패의 관건이 되는 시대다.

집단 지성을 활용해 천재성을 발현하려면 가장 기초적이면서도 중요한 '정보 공유'가 반드시 이뤄져야 한다. 그런데 정

아이디어를 통합하는 과정에서
의견 충돌이 있을 때 리더가 독단적으로
결정을 내리기보다는 각 직원이
스스로 고민해서 다양한 아이디어를
융합하는 분위기를 만들어야 한다.
구성원들의 집단 지성을 어떻게
활용하느냐가 승패의
관건이 되는 시대다.

보 공유만큼 중요한 것이 정보 보안이다. 이 상충되는 두 가지 중 어디에 중심을 맞춰야 할까? 정보 유출을 차단하기 위한 정보 보안에 치중할 것인가, 아니면 정보 유출을 감수하면서 정보 공유를 통한 협력에 치중할 것인가? 쉽지 않은 결정이지만, 후자에 중점을 둘 필요가 있다. 정보 유출을 100% 차단하는 것은 불가능하다. 퇴직자가 머릿속에 담은 정보는 규제할 수 있는 것이 아니기 때문이다. 물론 실제로 정보를 유출하는 일이 벌어진다면 불법 행위에 대한 법적 처벌이 가해지겠지만 그 위험성을 예측해서 막아내기는 어렵다. IT나 물리적 보안 시스템을 강화해서 핵심 정보가 손쉽게 유출되는 것은 반드시 차단해야 한다. 하지만 정보 유출이 두려워서 정보를 교류하지 않는다면 정보 공유를 통해서 얻을 수 있는 이득도 잃고 만다. 기술 개발 결과를 서로 자유롭게 논의하고 공유하는 분위기를 만들어야 한다. 정보를 공유하는 행위가 바로 집단 천재성을 원활히 작동하게 하는 윤활유다.

개방형 혁신

2003년 캘리포니아 버클리 대학교의 헨리 체스브로Henry W.

Chesbrough 교수가《오픈 이노베이션Open Innovation》[13] 을 출간하면서 알려진 '개방형 혁신'은 이제 많은 사람이 자주 언급할 정도로 친숙한 개념이 됐다. 이는 기술을 개발할 때 내부 아이디어뿐만 아니라 외부의 아이디어도 함께 활용하는 것을 의미한다. 사업을 추진할 때도 기업 내부에서만 사업화를 목표로 하는 것이 아니라 외부를 통한 사업화까지 고려하는 기술 혁신의 패러다임 변화를 의미한다. 개방형 혁신을 이뤄내는 구체적인 방법은 대부분 과거에 많은 기업에서 이미 추진했던 방식들이다. 체스브로 교수가 개방형 혁신이라는 단어를 처음으로 만들어내면서 달라진 점은 전보다 외부와의 협력을 통한 기술 혁신에 더 큰 관심이 집중됐다.

개방형 혁신이 최근 주목받는 이유는 무엇일까? 과거에도 외부와의 협력이 중요하다고 끊임없이 강조해왔고, 연구 개발로 아이디어를 사업화하고자 다양한 접근 방법을 모색했는데 그 방법에 가장 부합하는 개방형 혁신이 지금과 같은 관심을 얻지는 못했다. 여러 가지 원인 중 가장 큰 이유는 오늘날 기업이 처한 환경이 과거와 너무 많이 다르다는 점이다. 과거에는 외부와의 협력에 높은 비중을 두지 않고 기업 내부의 자원만을 활용한 연구 개발 활동과 기업 내부 사업화만으로도 혁신의 선순환 구조를 유지하는 데 어려움이 없었다. 하지만 최근

연구원은 무엇으로 사는가

경영 환경이 바뀌면서 기업 내부에서만 혁신하는 '폐쇄형 혁신Closed Innovation'으로는 기업의 혁신을 통한 성장을 이뤄내기가 어려워졌다. 점점 단축되는 제품 수명 주기나 증가하는 제품과 기술 개발 비용도 폐쇄형 혁신에서 개방형 혁신으로의 전환을 시도하게 된 중요한 이유다. 또한 체스브로 교수가 지적했듯이 새로운 스타트업 기업들이 탄생하고 성장하기에 적합하도록 기업을 둘러싼 환경이 달라졌다는 점도 한몫했다. 우수한 기술을 보유한 벤처 기업들이 대거 탄생하면서 기업 경영 활동, 특히 신기술의 활용 측면에서 이들과의 협력이 성장하는 데 핵심이 됐다. 개방적 협력을 추진하는 기업이 시장에서 더 유리한 위치를 차지할 수 있는 상황이 펼쳐진 것이다. 2000년 대 생겨나기 시작해서 급속도로 늘어난 '글로벌 기술 중개 기업Global Open Networks'도 개방형 혁신 활성화에 기여했다. 나인시그마NineSigma, 이노센티브InnoCentive, 유어앙코어YourEncore, 거슨 레만 그룹Gerson Lehman Group, GLG 등으로 대표되는 기술 중개 기업이 등장하면서 기업은 기술 보유 기관을 직접 찾는 데 드는 비용과 노력을 크게 절감했다. 그뿐만 아니라 각 기업은 자기 기업이 속한 산업에 국한하여 기술 협력 기관을 찾던 과거와 달리 이제 기술 중개 기업의 도움으로 폭넓게 여러 산업에 걸쳐 가장 적합한 기술과 기술 보유 기관을 찾을 수 있다. 나인시

그마의 대표가 내게 이런 질문을 한 적이 있다. 생활용품 기업인 P&G가 섬유 주름 방지의 기술 해법을 어디서 찾았을까? 그 답은 생각지도 못한 반도체 회사였다. 섬유나 반도체는 표면이 매끄러워야 한다는 공통의 해결 과제가 있었고, 그 해법을 반도체 표면 처리 기술에서 얻었다고 했다.

이제 개방형 혁신은 하느냐 마느냐의 선택 문제가 아니다. 이를 어떻게 해당 기업에 최적화하여 적용할 것인가를 고민해야 하는 단계에 진입했다. 극단적으로 말하면, 개방형 혁신은 외부에서 구할 수 있는 기술은 모두 외부에서 구하고 외부에서 구할 수 없는 기술만 내부에서 개발한다는 생각으로 추진해야 한다. 지금은 연구 개발의 고질적 문제로 지적되는 NIH 신드롬에서 벗어나 어디에서 누가 개발했는지에 상관없이Invented Anywhere 필요한 기술을 활용해야 하는 세상이다. 이 새로운 환경에 적응하지 못한다면 선도형 제품을 개발할 수 없을지도 모른다.

내부 개방형 혁신

▬▬▬

조직 내의 내부 협업도 개방형 혁신 범주에 포함될까? 체스브

연구원은 무엇으로 사는가

로 교수가 내부 개발 중심의 혁신을 '폐쇄형 혁신'이라 칭하고 개방형 혁신의 대칭 개념으로 이를 제시한 것을 보면 내부 협업은 개방형 혁신에 포함되지 않는 것처럼 볼 수 있다. 하지만 P&G에서 실시한 '내부 아이디어 펀딩Internal Seed Funding'을 통한 제품 개발[14], 나사NASA에서 진행한 내부 해결 방안 공모 프로그램인 '나사앳워크NASA@work[15]를 개방형 혁신 사례로 다른 학자들이 주장한 경우도 있어 정의에 혼선이 생긴다.

일반적으로 가치사슬에서의 내부 협업, 즉 개발과 관련된 기획, 영업, 연구 개발, 생산 등이 함께하는 '수직적 내부 협업 Vertical Collaboration'은 활발한 데 비해 업무 연결성이 상대적으로 적은 연구팀 간의 협업인 '수평적 내부 협업Horizontal Collaboration' 은 많지 않다. LG화학에서는 수평적 내부 협업을 확장된 개념의 개방형 혁신, 즉 '내부 오픈 이노베이션Internal Open Innovation' 이라고 정의하고 이를 장려했다. 모든 연구원이 가지고 있는 지식, 기술 및 경험과 회사 내에 오랜 기간 축적된 기술 역량을 최대한 활용하기 위해서였다.

LG화학과 같이 규모가 매우 큰 연구 집단에서는 타 연구 팀이 이미 개발한 기술이 있다는 것을 알지 못하고 중복으로 개발하거나 다른 연구팀의 역량이 필요한 경우가 생긴다. 연구 소장, 연구원장, CTO로 일하면서 많은 연구 과제의 진척 상황을 보고받았다. 이 과정에서 내가 했던 일 중의 하나는 이미 비슷하거나 참고할 만한 연구를 진행했던 연구팀들을 알려주고, 잘 풀리지 않아 고민되는 연구 주제에 도움을 줄 수 있는 연구팀을 찾아내 협력해볼 것을 권하는 일이었다. 예를 들면 리튬이온 2차 전지에 사용되는 전해액은 안전성을 확보하려면 불에 잘 타지 않는 난연 성능이 중요하다. 플라스틱 제품 중에도 이러한 난연 성능이 중요한 경우가 있다. 이 연구를 진행하던 두 팀을 서로 소개해주고 협력해볼 것을 권했다. 그간 공식적, 비공식적 네트워크를 통해 연구자들 간에 서로 도움을 주고받긴 했지만, 오랜 기간 축적된 내 경험과 연구팀에 대한 정보를 바탕으로 좀 더 효율적인 협력이 될 수 있도록 도왔다. 이러한 과정이 개인의 기억력에 의해서가 아니라 시스템으로 이루어지도록 하는 노력도 필요하다. 이처럼 숱한 여타 연구팀의 기술을 활용하는 것은 한 연구팀의 관점에서 보면 개방형 혁신이라고 할 수 있다. 비밀 유지 계약서가 필요 없고 즉각적으로, 게다가 공짜로 기술을 받을 수 있으니 얼마나 효과적인가. 혼자만 알고 있는 정보의 양을 실력으로 인정하는 조직에서는 불가능한 일이다. 진짜 실력 있는 연구원은 자기가 가진 역량을 남과 공유할 수 있는 사람이다.

내부 개방형 혁신을 촉진하기 위해 여러 가지 프로그램을 만든 적이 있다. 네이버 지식iN과 같이 기술적 이슈를 서로 묻고 답하는 시스템과 궁금한 점이 있을 때 다른 기술 전문가의 조언을 받을 수 있는 채널도 만들었다. 해당 프로그램에 축적된 데이터는 시간이 지날수록 기술과 관련된 궁금증을 푸는 좋은 자산이 된다. 한 달에 한 번씩 연구 과제를 소개하고 그 연구팀이 해결해야 할 기술 이슈를 공개 토론하는 '아이 포럼i-Fo-rum'도 운영했다. 아이 포럼에 참여한 한 연구원은 가습 소재로 부직포를 활용하려던 중 때마침 자신과 전혀 다른 분야에서 부직포를 연구해본 다른 사람의 발표를 듣게 됐다. 그 과정과 결과를 꼼꼼하게 확인한 연구원은 포럼이 끝난 후 시행착오를 최소화해 연구 기간을 대폭 단축할 수 있었다.

특정 문제를 해결하기 위해 관련된 전문가를 모두 모아서 방법을 모색하는 '아이 원패드i-OnePAd'도 추진했다. 당시 우리 팀이 개발하던 전동 공구용 2차 전지의 가장 큰 문제는 진동으로 인한 전지 전극의 단락이었다. 이 문제를 해결하기 위해 직접적으로나 간접적으로 관련이 있어 보이는 전문가를 폭넓게 모아 회의를 열었다. 논의를 이어가던 중 예상치 않게 접착제 연구팀이 난제를 헤쳐나갈 아이디어를 냈다. 이를 반영해 접착 성능이 부여된 주름진 모양의 접착패드가 진동의 충격을 흡수하면서 부여된 접착력으로 전극의 단락을 막아주는 성능을 구현했다. 좋은 방법을 찾지 못해 진입이 어려웠던 전동 공구용 2차 전지 시장에 첫 발을 내딛는 성과를 만들어낸 것이다. 이처럼 내부 협업은 머리를 모으지 않으면 만들어낼 수 없는 성과를 달성할 수 있다. 앞서 언급한 섬유 주름 방지 기술의 해법을 반도체 회사의 반도체 표면 처리 기술에서 얻는 것과 같은 일들이 기업 내부에서도 일어난다. 적극적으로 노웨어Know-where를 찾아내고 내재된 노하우를 활용하면 최소비용으로 짧은 시간 내에 예상 밖의 획기적 성과를 만들어낼 수 있다. 이것이 바로 내부 개방형 혁신이 주는 매력이다.

외부 개방형 혁신

수평적 내부 협업을 내부 개방형 혁신이라고 정의했다면, 기존에 알려진 개방형 혁신은 외부 조직과의 협업이라는 점에서 외부 개방형 혁신External Open Innovation이라고 새롭게 정의할 수 있다. 개방형 혁신이 국내에 소개된 지 얼마 지나지 않아서 이를 기업에 도입하자고 주장한 것은 연구소장들이 아니라 국내 회사의 최고 경영자들이었다. 2006년《하버드 비즈니스 리뷰》에 P&G의 '연결과 개발Connect & Develop' 전략이 소개됐고, 이때 개방형 혁신을 시작한 후 P&G 매출액 대비 연구 개발 투자 비율 변화를 함께 공개했다. 이에 따르면 2000년부터 2005년 사이에 4.8%였던 수치가 3.4%로 떨어졌고, 연구 개발 생산성은 60% 개선됐다. 이를 본 최고 경영자들은 개방형 혁신을 성과는 높이고 연구비는 줄이는 마법의 전략으로 인식했다. 그러고는 연구 개발에서 유용한 전략인데 왜 빨리 개방형 혁신을 도입하지 않느냐고 적극적으로 나서서 실무자들을 다그쳤다. 그러나 사실 P&G의 절대 연구비가 실제로 줄어든 것이 아니었다. 매출이 큰 폭으로 신장했기 때문에 비율이 하락한 것뿐이었다. 외부와 협업한다고 즉시 연구 성과가 나타나는 것은 아니다. 연구는 오랜 준비와 기반 구축이 필수다. 갑작스러운 최고 경영자들의 지지는 수치에만 현혹되어 벌어진 일이었다. 지금도 기업에서는 개방형 혁신을 추진하면 그 즉시 성과가 난다고 생각하는 경향이 있다. 분명 바로잡아야 할 부분이다.

많은 기업이 개방형 혁신을 추진하고 있지만 성과가 잘 나지 않는 경우가 많다. 실무자들은 노력 끝에 "이 기술이 유망해 보이니 살 필요가 있습니다"라고 상사에게 제안한다. 상사는 "확실해?", "다 개발된 다음에 가져오는 게 좋겠는데", "책임질 수 있어?" 등의 대답으로 제안을 거부한다. 이렇게 반응하는 상사가 있는 회사에서 개방형 혁신은 불가능하다. 미완의 기술이니 적은 비용으로 기술을 가져올 기회라고 생각하면 안 될까? 개발이 완료되면 그 기술을 자기 회사로 가져올 수 있다는 보장이 있는가? 상사의 주저함으로 생긴 기술 개발의 지연과 실패, 누가 책임을 져야 할까? 상사는 이렇게 말해야 한다. "다른 아이디어도 더 찾아보고 내가 책임질 테니 한번 해봅시다." 이런 리더가 있는 조직이 개방형 혁신에서 성과를 낼 수 있다.

럿거스 대학교의 진 슬로윈스키Gene Slowinski 교수는 외부 협력 단계를 4단계로 나눴다.[16] 그가 말한 첫 번째 단계는 필요 Want 단계다. 전략적 의도가 무엇인지 파악하고, 외부로부터 무엇을 찾으려고 하는지 정의하는 단계다. 두 번째는 발굴Find 단계로 어떤 메커니즘으로 원하는 것을 찾을 것인지 정하고, 세 번째 획득Get 단계에서 구체적인 외부 협력 프로세스를 정해서 추진한다. 마지막 관리Manage 단계에서는 지표나 방법을 통해 외부 협력을 정착시키는 과정을 거쳐야 한다. 슬로윈스키 교수의 지적대로 준비되지 않은 상태에서 외부 협력을 시도하면 의도치 않게 자원을 낭비할 수 있다. 성공적으로 협력하려면 외부로부터 얻으려는 기술이 어떤 목적으로 추진되는 것인지를 잘 살펴보고, 도입하려는 외부 기술을 내부에 있는 기술과 어떻게 접목할지도 고민해야 한다. 어떤 경로로 외부 협력을 모색할 것인지, 추후 외부 협력에 대한 효과를 무엇으로 측정할 것인지에 대해 사전에 경영진과 합의하는 것 또한 중요하다. 아울러 개방형 혁신을 하더라도 외부에서 가져온 기술을 내부에서 소화해낼 역량을 먼저 갖춰야 한다. 내부 역량을 키워나가면서 외부 기술을 가져올 때 그 기술을 꽃피울 수 있다. 기술을 가진 회사를 M&A만 하면 모든 기술을 확보할 수 있을 것이라는 생각은 몹시 위험하다. 외부 기술만 잔뜩 가져오고 내부흡수 역량이 없으면 구슬이 서 말이라도 꿰지 못하는 신세가 된다. 개방형 혁신은 매우 유용한 전략임이 분명하다. 하지만 도입 초기 단계에 꿈꾸던 연구 개발 분야의 만병통치약은 아님을 염두에 두고 추진할 필요가 있다.

협업 촉진을 위한 조건

협업을 위한 조직으로 탈바꿈하기 위해서는 협업의 중요성을 강조하는 것만으로는 부족하다. 실질적인 제도적 장치들이 마련되고 실행되어야 한다. 그중 하나가 평가다. 평가 개념은 사실 모든 일에 문제와 개선책을 검토할 때 단골처럼 등장한다. 그만큼 중요하지만 실제로 효과를 낼 수 있도록 설계하기가

개방형 혁신을 하더라도

외부에서 가져온 기술을 내부에서

소화해낼 역량을 먼저 갖춰야 한다.

내부 역량을 키워나가면서 외부 기술을

가져올 때 그 기술을 꽃피울 수 있다.

쉽지 않다. 내가 기술연구원장일 때 협업을 장려하고자 연구 책임자의 평가 항목에 협업 비중을 강제로 반영한 적이 있다. 2000년대 중반에 평가 항목 조정을 위한 태스크팀을 공저자인 이성만 박사가 주축이 되어 몇 개월간 운영했으나 진척은 없고 반발만 많았다. 연구 책임자들은 "업무 특성상 다른 팀을 도울 일이 없다"고 주장하거나 "왜 우리만 협업에 관한 평가 항목을 넣으려고 하느냐"는 등 다양한 이유로 불만을 표했다. 하지만 연구 책임자라면 협업 가능성이 크지 않더라도 다른 팀을 어떻게 도울지 고민하고, 방법을 찾아서 지원해야 한다는 생각에 반발을 무릅쓰고 그대로 진행하라는 결정을 내렸다. 초기 단계에는 협업의 중요성을 부각시키는 데 효과가 있었다. 이후 더 큰 소득은 점차 평가 항목화 여부를 떠나 연구 책임자들이 구성원의 협업 내용을 세밀히 파악하여 평가에 반영하고, 그러한 결과를 구성원들이 인식하게 되면서 모두가 협업을 당연시하는 문화가 만들어졌다.

조직 구조 측면에서도 협업을 잘할 수 있도록 토대를 마련해야 한다. 다양한 연구팀이 있는 조직에서는 각 연구팀에 공통으로 필요한 '기반 기술Platform Technology'을 다른 팀이나 조직으로부터 지원받는다면 연구 성과를 빠르게 창출할 수 있다. 예를 들면, 소재나 부품을 개발하는 거의 모든 팀은 코팅 기술이나 분석 기술을 필요로 한다. 이 경우 코팅 기술과 분석 기술을 별도의 기반 기술연구팀으로 만들어서 모든 연구팀이 공동으로 활용할 수 있게 하는 것이다. 특정 제품을 개발하는 연구팀에서 자신의 제품 개발에 필요한 기반 기술을 제품과 함께 개발해야 한다면 목표한 시장 진입 시점을 맞추기 힘들다. 기반 기술팀에서 개발한 최고 수준의 기반 기술을 다양한 제품을 개발하는 팀이 적절한 시기에 지원받을 수 있다면 연구 목표 달성이 훨씬 수월하다. 이렇게 되면 자연스럽게 기반 기술팀은 협업의 전위 부대가 된다. 여기서 한 가지 강조하고 싶은 것은 기반 기술팀은 제품 개발보다는 기술 개발을 목표로 해야 한다는 점이다. 물론 기술 중심의 연구를 하다 보면 개발된 최고의 기술이 유발하는 새로운 제품이 나올 수도 있다. 하지만 기반 기술을 연구한 팀에게 개발된 제품이 왜 없느냐고 묻는 우매한 경영자는 없어야 한다.

대부분의 연구소는 분석팀을 어떻게 운영하느냐에 따라 연구 성과에서 큰 차이가 난다. 일반적으로 제품을 개발하는 연구팀은 실험한 물질이나 시제품에 대한 분석을 분석팀에 의뢰한다. 분석팀은 여러 팀의 분석 요청을 순서대로 확인해서 분석 결과를 제공한다. 우리가 흔히 알고 있는 프로세스다. 이 과정이 반복되면 분석팀이 타성에 젖을 가능성이 많다. 요청한 내용이 얼마나 급한지, 중요한지, 어떤 의미가 있는지에 상관없이 정해진 프로세스로 수동적인 대응을 할 뿐이기 때문이다. 하지만 분석 전문 인력을 해당 제품 개발팀에 팀원으로 등록하여 한 팀처럼 일하는 구조를 만들면 일에 대한 자세가 달라진다. 제품 개발팀 회의에 참석하고, 왜 분석을 하려고 하는지 이해하고, 함께 의견을 나누고, 또 좋은 결과에 대한 포상도 같이 받으면, 내가 해야 할 분석 업무가 어떤 단계에서 어느 정도로 중요하게 진행되고 있는지를 절감하게 된다. 이때 능동적인 대응이 가능해진다. 분석 전문 연구원들에게 크나큰 동기 부여도 되면서 협업의 첨병 역할을 하게 된다. 단순한 과정상의 협업이 아니라 팀워크에 의한 협업이 이루어진다.

협업을 촉진하기 위해서는 리더의 역할이 중요하다. 개방형 혁신을 추진하거나 협업에 관해 평가하는 것, 기반 기술팀과 같은 조직을 설계하여 운영하는 것, 분석팀에 동기를 부여하는 일 등은 자발적으로 진행하기 어려운 일들이다. 초기 단계의 협업은 리더가 주도할 필요가 있다. 협업 문화는 "협업하자"라는 구호로 절대 만들어지지 않는다. 연구원 개개인도 협업이 주는 효과를 체감해야 문화가 유지되고 발전할 수 있다.

도전의
문화

대한민국은 그동안 빠른 추격자 전략으로 추격자의 이점을 충분히 활용하면서 성장 가도를 달려왔다. 빠른 추격자 전략에서는 효율이 중요하기 때문에 벤치마킹과 같은 방법을 사용하여 앞선 세계적 기업들의 기술과 추진 전략을 빠르게 배우고 따라 할 수 있었다. 그러면서 리스크 축소나 시간 단축 등 후발자가 누릴 수 있는 이점을 활용하며 성장했다. 시간이 흘러 무한 경쟁 체제가 대두되고, 보호무역주의가 점점 극심해지는 지금 새로운 1등 산업을 만들어내기 위한 해결 방안은 무엇일까? 이 어려운 문제의 해답은 '선도형 제품 전략'에서 찾을 수 있다. 대한민국에 유용했던 빠른 추격자 전략은 현재 중국과 베트남, 인도와 같은 신흥 국가들에 적합하다. 사실상 그들 또한 이미 해당 전략의 달인 수준에 도달했다. 동일한 목표를 두고 모두가 빠른 추격자 전략을 구사하면 우리는 절대 승자가 될 수 없는 구조다. 어렵더라도 남들이 하지 않는 분야, 못하는 분야, 아직 초기 단계인 분야 등 '선도형 제품First Mover'이 될 가능성이 높은 분야에 도전해야 한다. 선도형 제품은 당연히 개발하기 어렵지만, 성공하면 1등이 될 수 있다.

'LG화학' 하면 일반 대중은 석유 화학 기업보다는 배터리 기업으로 알고 있는 경우가 많다. LG화학은 현재 자동차용 2차 전지 분야에서 세계 최고의 기술력을 확보하고 있다. 2015년부터 내비건트리서치Navigant Research가 발표한 차량용 리튬 이온 배터리 제조업체 기술 평가에서 2위 파나소닉을 넘어 지금까지 당당히 1위로 평가받는다. 그러나 1위를 하기까지의 과정이 순탄치만은 않았다. LG화학이 자동차용 2차 전지 개발을 시작했던 2000년경 당시 세계 최고 수준의 기술을 보유하고 있던 일본 기업들은 리튬 이온 2차 전지가 안전성, 성능 및 가격 문제로 자동차용 전지로는 적합하지 않다고 판단했다. 하지만 LG화학은 많은 난관을 헤치고 도전했다. 원하는 만큼의 주행 거리를 달성할 소재를 찾지 못해 많은 시간을 투자해야 했고, 성능 좋은 소재를 찾았지만 여러 문제로 안전성을 확보하지 못해 수포로 돌아간 적도 있다. 상용화를 위해서는 너무 비싼 소재를 쓸 수 없을뿐더러 사용되는 소재의 양도 줄여야 하는 등 고난의 연속이었다. 자동차용 2차 전지의 상업화까지 10여 년이라는 시간이 걸렸다. 과감하게 연구 인력과 자원을 투입했지만 연구 성과가 상업화 수준에 이르지 못하자 인력이 대폭 줄어드는 아픔을 겪기도 했다. 사업이 부진하고 큰 적자를 내면서 최고 경영자들이 두 번이나 사업을 접으려고 했다. 그때마다고 구본무 회장이 직접 나서서 "이럴수록 미래를 위해 더 투자하라"고 독려했다. 끊임없이 도전한 끝에 2009년 세계 최초로 현대자동차 하이브리드 자동차에 양산 공급하기 시작했고, 2010년 미국 GM에서 생산하는 전기자동차 볼트Volt에도 단독으로 전지를 양산 공급하면서 전기자동차 시대를 활짝 열었다. 앞선 기술력을 보유하고 있던 일본 기업들도 주저하던 기술 개발에 뛰어든 LG화학은 수많은 난관을 극복하고 세계 1등이라는 신화를 만들어냈다. 선도형 제품 전략에 우리의 생존이 달려 있고 국가의 성장 동력 확보라는 어려운 숙제에 관한 답이 있다. 지금도 남들이 이미 개념을 검증한 제품만을 개발하려는 기업들이 많다. 심지어 큰 기업에서조차 도전적인 연구 과제를 하지 않으려는 분위기가 팽배하다. 이제는 관행처럼 굳어진 환경을 뒤집어 높은 목표에 도전할 때다.

실패를 받아들이는 방법

하나의 연구 개발 과제를 성공적으로 사업화하기 위해서는 상상하기 어려울 만큼 많은 도전과 실패를 반복한다. 열정적으로 추진했지만 시장이 바뀌어서, 생각만큼 시장이 빨리 형성되지 않아서, 다른 경쟁 기업이 나보다 더 빨리, 더 뛰어난 기술을 개발해서 실패한다. 이처럼 실패하는 이유는 매우 다양하고 본인의 노력과 상관없는 경우도 많다.

90년대 중반 한 연구팀에서 몇 년에 걸쳐 기저귀 등에 사용되는 고흡수성 수지Super Absorbent Polymer를 개발했다. 이후 규모를 키워 파일럿 실험으로 제품을 검증한 후 대량 생산 공장까지 건설했다. 공장이 건설될 즈음에 내가 연구소장을 맡게 됐다. 그런데 공장에서는 연구실과 파일럿 실험에서 이끌어낸 결과가 나오지 않았다. 연구원들과 함께 공장에 상주하며 문제를 해결하고자 애썼다. 1년 반 정도의 노력 끝에 원하는 파일럿 결과를 공장에서 재현했지만 기쁨도 잠시였다. 수지 속에 잔류해서는 안 될 다량의 용매가 함유되어 있다는 사실을 알게 됐다. 유아가 사용할 제품이기 때문에 용매의 잔류는 더욱이 심각한 문제였고, 결국 공장을 건설한 것이 무색하게 기술 개발은 실패했다. 세상에 없는 새로운 입자 형태의 수지를 개발했지만, 상업화하지는 못했다. 참담하고 아픈 경험이었다.

OLED 발광 재료 연구팀이 뛰어난 신물질을 개발했지만, 하루 차이로 특허 출원이 늦어 수년간의 노력이 물거품으로 돌아간 적도 있다. 그만큼 연구 개발과 도전, 그리고 실패는 뗄 수 없는 관계다. 특히 연구 개발 분야는 실패가 다반사다. 그만큼 실패에 대한 관용도 필요하지만 현실은 그렇지 않다. 과감한 도전과 실패의 용인이 중요하다며 도전하라고 말하는 조직은 많지만, 그 말을 올바르게 실천하고 있는 연구 조직은 의외로 많지 않다. 이런 조직에서 과감하게 도전하는 것에 대한 여러 제약과 도전에 따른 실패의 대가가 연구원들에게는 치명적이다. 연구원들은 조직적으로 뒷받침되지 않은 과감한 도전은 기피하고, 실패해도 괜찮다는 말은 아무리 들어도 쉽게 믿지 않는다. 어떻게든 목표를 낮춰 잡고 충분한 여유 시간을 벌어 실패만은 하지 않으려고 노력하게 된다. 높은 목표에 대한 도전은 물 건너가는 것이다. 나와 연구팀은 고흡수성 수지 개발 실패로 회사에 막대한 손해를 끼쳤지만, 회사는 실패를 용인했고 계속해서 연구 개발에 매진할 기회를 줬다. 그 결정에 큰 고마움을 느낀 나는 이에 보답하기 위해 몇 배의 노력을 기울였다. LG화학은 10여 년 전 국내 기업 코오롱의 고흡수성 수지 사업을 인수했다. 실패를 통해 축적했던 기술과 노하우가 인수한

연구원은 무엇으로 사는가

기술과 결합하면서 얼마 후 해당 사업은 성공으로 이어졌다. 기존의 제품을 뛰어넘는 세계적인 고흡수성 수지 제품을 개발해낸 것이다. 실패를 용인한 덕에 얻은 보상이었다.

실패한 연구 과제와 이를 진행하던 연구원들을 어떻게 처리하는지 연구원들은 민감하게 지켜본다. 재도전의 기회를 주는지, 추진상에 문제가 없었음에도 불이익을 주는지, 시장 등 상황 변화가 있을 때 접어둔 연구 과제를 다시 시도할 수 있게 해주는지 낱낱이 살핀다. 조직이 실패를 용인한다는 것을 몸으로 느끼고, 제도적으로도 실패 이후를 보장받을 때 더 높은 목표에 도전하게 된다. 선도형 제품은 이 순간에 개발된다. 실패에 대한 용인의 크기가 훗날 맞이할 성공의 크기를 좌우한다.

결과주의 vs. 성과주의

창의와 자율이 늘 연결되는 것처럼 일에서도 서로 영향을 주고받는 관계가 많다. 성과주의도 비슷한 관점에서 해석할 수 있다. 성과는 결과와 과정의 합이다. 결과와 함께 과정도 확실히 살펴서 이에 맞게 평가와 보상하는 것이 성과주의라고 할 수 있다.

조직이 실패를 용인한다는 것을

몸으로 느끼고, 제도적으로도

실패 이후를 보장받을 때

더 높은 목표에 도전하게 된다.

선도형 제품은 이 순간에 개발된다.

실패에 대한 용인의 크기가 훗날

맞이할 성공의 크기를 좌우한다.

많은 기업이 성과주의를 적용하고 있다고 말한다. 조직이 움직이는 데 분명 필요한 방향이기는 하나 사실상 성과주의를 결과주의로 잘못 이해하고 적용하는 경우가 많다. 대다수가 최종적으로 드러난 결과로만 평가하고 그에 관해서만 보상하는 것을 당연하게 여긴다. 즉, 결과만 좋으면 좋은 평가 점수와 보상이 주어진다. 물론 결과는 중요한 평가 지표지만, 오로지 결과만으로 평가와 보상이 결정되면 다음과 같은 일들이 벌어지게 된다. 목표 달성이라는 결과만을 위해 목표를 낮춰 잡게 된다. 결과가 불확실하기에 실패를 두려워하지 않는 창의적인 도전은 피하게 된다. 결과만을 좋게 만들기 위한 꼼수가 판치게 된다. 사실 결과주의는 실천하기가 쉽다. 눈에 보이는 결과로 얘기하면 되기 때문에 평가와 보상에 대한 논란도 적다. 하지만 이러한 체계에 길들여지면 조직에 희망이 없어진다. 모든 구성원이 결과에만 집중하게 되고, 대단한 결과를 내지 못하더라도 조직을 위해 꼭 필요한 일들은 뒷전으로 밀리게 된다. 과정은 무시되고 항상 결과가 과정을 우선하는 상황이 펼쳐지게 된다. 결과가 반드시 잘 나올 일에만 연구원들의 관심이 쏠린다. 이러한 조직에서 희망을 찾기란 하늘의 별 따기와 같다.

희망을 품고 성공하는 조직이 되기 위해서는 제대로 된 성과주의를 표방해야 한다. 성과주의는 어떤 일을 추진하는 데 그 과정과 결과를 모두 반영한 평가를 하는 것이라고 언급했 듯이 결과를 얻기까지 어떤 과정을 거쳤는지가 반드시 평가에 포함되어야 한다. 만일 마지막 단계인 결과가 좋지 않았더라도 그 과정에서 구성원들이 열정으로 최선을 다했다면 그 노력에 합당한 평가를 받아야 한다. 이러한 방식이 자리 잡을 때 실패 를 감수하며 더 높은 목표에 도전하게 되고, 조직의 미래를 바 꿀 수 있는 창의적인 아이디어가 나온다. 물론 실패의 원인이 불성실과 방만함에서 왔다면 평가에서 불이익을 받는 것은 당 연하다. 성과주의를 실천하는 것은 결과주의를 지향하는 것보 다 몇 배는 어렵다. 어떤 결과를 얻어내기까지 그 과정에 녹아 있는 여러 업무 수행 능력을 보는 것은 몇 배의 노력이 필요하 기 때문이다. 이것이 성과주의가 결과주의로 쉽게 변질하는 이 유일 것이다. 리더들은 자신들의 평가와 보상 행위가 결과주의 로 흘러가지 않도록 항상 과정을 살피고 이를 평가와 보상에 반영하는 노력을 게을리해서는 안 된다. 그렇게 해야 진정한 도전의 문화가 만들어진다.

와해성 혁신 기술의 발굴

'와해성 혁신 기술Disruptive Technology'은 산업 종류와 관계없이 위협적이다. 메인 프레임 컴퓨터 시장을 지배하고 있던 IBM이 미니컴퓨터 업체인 디지털이퀴프먼트Digital Equipment에 시장 지배력을 상실한 사례, 대형 복사기 업체 제록스Xerox가 캐논Canon 의 소형 탁상용 복사기 시장에 잠식당한 사례, 브라운관 TV가 LCD TV로 대체된 사례에서 알 수 있다. 현 사업에도, 미래 신 사업에도 와해성 혁신 기술은 존재한다. 시장과 사업을 위협하는 와해성 혁신 기술을 어떻게 빨리 알아챌 수 있는지와 경쟁자를 위협할 만한 와해성 혁신 기술을 어떻게 만들어낼 수 있는지가 중요해졌다. 이는 리더 혼자서 할 수 없는 일들이다. 이미 알려진 개념의 제품을 개발할 때는 리더가 혼자 끌고 갈 수도 있으나 새로운 개념의 와해성 혁신 기술을 발굴하는 데는 조직 구성원 모두가 참여해야 한다. 연구 경영자는 조직 내의 모든 팀과 구성원들이 기술 발굴과 모니터링에 동참할 수 있는 분위기를 만들고 활동을 독려할 필요가 있다. 또한 주기적으로 팀마다 자기 기술을 위협할 기술들과 경쟁 기술을 위협할 자신들의 기술이 얼마큼 준비됐는지 현황을 살펴야 한다.

나는 1P1F One Project One Future item 라는 프로그램을 운영했

다. 한 개의 프로젝트에 반드시 1개 이상의 와해성 혁신 기술을 제시하는 방식이었다. 특히 현 사업과 관련한 기술 개발에 몰두하다 보면 온 관심이 여기에만 치우쳐 다른 곳에서 개발 중인 와해성 기술에 둔감할 수 있다. 연구 경영자의 관심과 독려가 매우 중요하다. 연구 과제를 리뷰할 때마다 질문을 던져야 한다. 당신의 연구 주제와 기술을 위협하는 기업은 누구인가? 다른 연구 기관에서는 어떤 연구를 시도하는가? 새롭게 등장하는 기술은 무엇이고 파괴력은 어떠한가? 지금의 기술을 대체할 만한 기술은 없는가? 연구자 개인의 노력과 네트워크만으로 그 모든 정보를 찾기는 힘들다. 연구소마다 연구를 지원하는 조직들이 있다. 해당 조직에서 이러한 관점을 바탕으로 기술 동향을 분석하고, 기술을 예측하여 연구 책임자들을 지원하는 방안도 필요하다. 또한 구성원들이 내는 와해성 기술에 관한 아이디어가 연구 책임자나 선배 연구원에 의해 묵살되는 일이 없도록 세심하게 배려해야 한다. 각 연구팀의 모든 구성원이 참여하여 와해성 기술을 발굴하고자 노력하다 보면 경험이 쌓이고 기술이 심화하면서 높은 목표가 생기게 된다. 이를 연구 과제화하여 도전에 성공하면 사업의 경쟁력은 상상을 초월한다.

　와해성 혁신 기술의 실현 가능성을 평가하는 것 또한 매우 중요하다. 보통 이에 관한 평가는 관련 전문가에게 의존하게 된다. 그런데 그 전문가에 해당하는 사람은 와해성 기술의 경쟁 기술을 연구하는 전문가인 경우가 많다. 즉, 와해성 기술을 성공시키면 자신의 기술이 경쟁력을 잃는다. 기술의 자기잠식Cannibalization이 일어나는 것이다. 아직 주도적인 기술로 확실하게 자리 잡지 않았을 때, 전문가가 내리는 평가는 중립적이지 않을 수 있다. 와해성 혁신 기술의 가능성을 폄하하고 안 될 이유만 잔뜩 찾아낼 수 있기 때문이다. 그래서 '전문가란 안 되는 이유를 조목조목 잘 찾아내는 사람'이라는 우스갯소리가 있는지도 모른다. 자연의 원리를 벗어나는 기술은 실현될 수 없다. 그러나 기술의 발전 속도는 전문가들의 예상을 뛰어넘는 경우가 허다하다. 따라서 새로운 기술의 등장에 대해 그 분야의 전문가들도 겸허한 자세를 가지는 것이 필요하다. 이는 연구 경영자가 신기술을 평가할 때 주의해야 할 점이기도 하다.

신규 과제 탐색 그룹

집단 지성을 활용하기 위해 구성원들의 아이디어를 수용할 수 있는 다양한 채널을 만들어야 한다. 상사나 조직장의 눈치를 보지 않고 자기 아이디어를 낼 수 있는 환경과 분위기를 조성하는 것은 그 기초가 된다.

어느 날 연구실을 순회하는 중 한 연구원이 개인적으로 관심 있게 연구하는 내용을 내게 얘기했다. 분석팀 소속 연구원이었지만 에너지 효율을 높일 수 있는 새로운 소재와 관련하여 새롭고 혁신적인 아이디어였다. 나는 그가 기존 업무에서 벗어나 아이디어를 검증할 비공식적인 소규모 팀을 구성하도록 했다. 이후 아이디어는 가능성을 인정받아 정식 과제로 승인됐고, 그는 연구 책임자가 되어 더욱 열정적으로 연구에 임했다.

때로는 주니어 연구원들의 투박한 제안도 매몰차게 잘라내지 말고 있는 그대로 접수하는 자세가 필요하다. 부족한 아이디어라고 상사가 면박을 주거나 자존심을 상하게 하면 아이디어의 통로는 막힌다. 최대한 구성원들의 제안을 수용하고 1차적인 아이디어 심사를 거쳐 추가적인 검증을 진행하는 것이 좋다. 추가 심사를 통해 아이디어를 압축해서 실험한 후 구체적인 개념을 검증할 만한 아이디어를 선별한다. 특히 도전적인 과제는 새로운 개념이 많으므로 반드시 실험을 통해 검증해야 한다. 나 또한 이 점을 염두에 두고 아이디어를 낸 연구원에게 소수의 인원과 팀을 이뤄 1~2년간 검증 차원의 연구를 할

108

기회를 줬다. 신규 과제 탐색 그룹Pioneering Research Group을 공식적으로 운영한 것이다. 어느 정도 개념이 검증되고 가능성이 커지면 탐색 그룹에서 독립해 정식 연구 과제로 등록하고 연구를 수행하게 된다. 본인이 원할 경우에는 직급에 상관없이 연구 책임자가 될 수 있다.

거듭 강조한 것처럼 연구원들은 자신이 낸 아이디어로 연구를 수행할 때 몰입 정도와 창의성이 극대화된다. 실제로 LG화학에서는 많은 연구 과제들이 신규 과제 탐색 그룹을 통해 만들어졌다. 회사의 규모나 의욕에 따라 다를 수 있겠지만 전체 연구 개발 예산의 1~2%가량 신규 탐색 그룹에 사용하는 것이 적절하다고 생각한다. 조직 구성원이 일상적으로 근무하면서 새로운 연구에 자유로이 도전할 수 있는 분위기를 체감하는 회사는 막상 많지 않다. 경쟁자들이 쉽게 따라 하지 못할 도전적인 과제 아이디어가 샘솟는 조직, 구성원들이 도전을 무서워하지 않는 조직, 그리고 그것을 사업 성과로 만들어내는 조직이야말로 모든 회사, 나아가 대한민국이 지향해야 할 방향이 아닐까?

Chapter 3.

조직은 어떻게 운영해야 하는가

2장에서 소개한 자율과 창의 문화, 협업 문화 그리고 도전 문화를 구현하기 위해서는 조직 운영의 방식과 리더십이 잘 뒷받침되어 있어야 한다. 바람직한 문화를 만들겠다고 주장하는 리더들이 이에 역행하는 리더십으로 조직을 운영하는 경우를 자주 보게 된다. 어느 연구원이 그런 리더를 신뢰하고 따르겠는가? 리더도 인간이므로 완벽할 수는 없다. 물론 실수할 수도 있다. 그러나 문화에 반하는 운영을 했을 경우에는 그것을 인정하고 고칠 수 있어야 한다. 그래야 잘못을 저지른 연구원에게도 시정을 요구할 수 있다. 리더의 일관성이 중요한 이유는 여기에 있다. 문화는 리더에 의해 만들어진다고 해도 과언이 아니다. 연구원들이 아무리 노력해도 하의상달로 문화를 형성하기는 어렵다. 또한 리더가 바람직한 문화를 만들겠다는 의지가 있어도 곧바로 만들어지지 않는다. 비전과 의지, 인내심을 바탕으로 오랜 기간 올바르게 조직을 운영할 때 비로소 문화로 자리 잡는다. 시간이 오래 걸린다는 단점 때문에 재임 기간이 짧은 경영자들의 관심을 더 끌지 못하는 것일 수 있다. 효율 중심의 빨리빨리 문화가 이러한 분위기를 조성하는 데 한몫하기도 했다. 좋은 문화가 다져지면 보약을 먹은 것처럼 조직의 전 분야에서 그 효과가 오래 발휘되며 경쟁자들이 쉽게 따라 할 수 없는 막강한 힘을 갖게 된다. 그렇기 때문에 지금 바람직한 조직 문화를 구축하는 조직 운영 방식과 리더십이 절실하다.

연구원은 무엇으로 사는가

조직 운영의
기본 요소

연구 조직은 연구원들의 독특한 특성 때문에 운영하기가 쉽지 않다. 앞서 연구원들의 특성을 살펴보았듯이 연구원들은 관리자의 감독을 극히 싫어한다. 쓸데없는 간섭과 감독을 못 견디고 짐을 싸서 조직을 떠나는 동료나 선후배들이 많았다. 그렇다고 해서 감독을 아예 안 할 수는 없다. 연구 책임자나 연구소장이 필요하다. 어떻게 그들의 특성을 잘 이해하면서 소통하고 지휘함으로써 원하는 성과를 내는 조직으로 운영할 수 있는지가 문제다.

올바른 조직 운영의 출발점은 공유가치가 되어야 한다. 내가 기술 경영자로 근무했던 22년간 우리 조직의 공유가치는 신뢰, 창의, 도전과 프로 정신이었다. 연구원들과 연구 조직의

장 모두는 이 공유가치에 근거해서 행동하고 제도를 설립해 운영하는 것이 중요하다. 연구원들의 행동과 조직장의 조직 운영방식이 공유가치에 반할 경우에는 다양한 채널을 통해 이를 바로잡아야 한다. 월례 메시지를 보내거나 무기명 대화방을 여는등 접근이 쉬운 소통 경로를 통해 그 문제를 해결할 수 있다.예를 들어 무기명 대화방에 올라오는 의견들이 때로는 매우 곤란하고 어려운 문제를 지적하더라도 경영자의 의사를 진솔하게 밝힘으로써 연구원들에게 경영자 권한의 한계나 조직이 나아가는 방향을 이해할 수 있도록 해야 한다. 옳은 지적은 당연히 신속히 고쳐야 한다. 경영자에게는 일견 귀찮고 고통스러운과정일 수 있으나 지혜롭게 넘어설 경우 연구원과 조직장 간의신뢰가 굳건해진다. 이러한 신뢰는 조직을 운영하며 생길 수있는 모든 갈등을 해소하는 데 필요한 소중한 자산이 된다.

기술 전략 수립

연구 조직이 추구하는 목표의 기반이 되는 것은 사업 전략이다. 사업 전략은 단기, 중기, 장기로 나눌 수 있고, 전략의 골자가 되는 내용은 향후 1년에서 10년간 사업 포트폴리오 변화,

사업 목표와 중간 성과물 등을 정한다. 사업 전략이 정해지면 제품의 로드맵을 만들 수 있다. 이어서 목표로 하는 제품을 개발하는 데 필요한 기술 로드맵을 작성하게 된다. 기술 로드맵에 있는 기술 중 개방형 혁신과 자체 연구 개발로 확보할 기술을 구분하여 확보 전략을 만든다. 이것이 기술 전략의 근간이다. 기술 전략이 수립되면 연구 개발의 방향타로써 일관된 연구 개발 전략을 만들 수 있다. 연구원들이 연구 개발 전략과 연계된 과제를 만들고 개발 방향에 민첩하게 대응할 수 있도록 기술 전략과 연구 개발 전략은 주기적으로 공유되어야 한다. 전략이 자율적 판단의 근거가 되기 때문이다.

기술 전략은 사업 부문 경영층과 주기적으로 공유하고 수정해나가야 한다. 현 사업과 관련된 기술 전략은 사업 부문의 관심이 매우 크므로 공유와 수정이 쉽다. 반면에 미래 신사업에 대한 기술 전략은 사업 부문 경영층의 관심이 적은 경우가 많다. 사업 부문은 대체로 단기적 사업 성과를 내는 것에 집중하기 때문이다. 물론 사업 부문과 직결되어 있는 미래 사업은 사업 부문과의 기술 전략을 공유하고 수정할 수 있다. 하지만 현 사업과 전혀 다른 새로운 미래 사업에 대한 기술 전략의 경우에는 최고 경영자인 CEO와 최고기술책임자Chief Technology Officer, CTO가 전략 수립을 주도하고 관리해나가야 한다. 모든 결정을 사업 부문과의 합의 하에 해야 한다는 것에 대한 과도한 집착은 미래 신사업을 찾는 데 제한 요소가 될 수 있다.

조직 구조

회사 이름을 보고 입사했다가 상사 때문에 퇴사한다는 말이 있다. 퇴사자의 70%가 상사 때문에 퇴사한다는 통계가 있을 만큼 조직 내에서 상사와의 갈등이 많다. 조직 구조를 설계할 때는 갈등 요소를 줄이고 의사를 빨리 결정할 수 있도록 가능한 한 수평적인 조직 구조를 만드는 것이 중요하다. 수직적인 구조에서 관리층을 하나 더 두면 구성원의 입장에서는 직속 상사와 차상위 상사가 생기므로 상사가 두 배로 늘어나는 셈이다. 결국 잠재적으로 갈등이 생길 확률은 두 배가 된다.

기강을 중요하게 여기는 군대나 빠른 추격자 전략을 구사하는 조직에서는 효율을 최우선으로 생각하기 때문에 수직적 조직 구조를 선호해왔다. 일사불란함이 미덕으로 여겨지기 때문이다. 하지만 구성원들의 다양한 의견을 수렴하기 위해서는 직원의 아이디어를 걸러버릴 가능성이 높은 관리층의 수를 적게 하는 것이 바람직하다. 관리층이 많을수록 의사 결정 속도

또한 느려진다. 조직을 수평적으로 이루는 것은 민첩한 조직에서 필수다.

그렇다면 수평적 조직이란 무엇일까? 예를 들어 연구원, 연구 책임자 및 연구소장, 세 개의 층으로 수평적 연구 조직을 꾸민다고 가정해보자. 대략 10여 명의 연구원으로 한 연구팀이 이루어져 있다면 하나의 연구소에는 몇 개의 연구팀이 존재해야 바람직한 조직일까? 나란히 늘어놓은 100개의 팀을 소장 한 사람이 운영할 수 있을까? 개인의 역량 차이는 있겠지만 100개 팀을 관리하기는 쉽지 않다. 심지어 연구소원 1,000명 모두의 이름을 기억하기는 더 어렵다. 보통 200~300명의 이름을 기억하는 것이 일반적이다. 연구소장이 구성원 모두의 이름을 알고 각 개인을 배려하고 지원할 수 있는 최대 규모가 연구소의 기본 단위가 되는 것이 바람직하다. 이보다 규모가 커질 경우에는 중간층을 두고 관리하기보다는 연구소를 분리해서 조직을 나눌 필요가 있다.

인재 확보와 유지

연구 조직의 가장 중요한 자산은 인재다. 어떻게 해야 좋은 인재를 확보하고 유지할 수 있을까? 많은 조직이 우수 인재를 채용하기 위해 고액의 입사 보너스와 높은 연봉을 제시한다. 그와 같은 조건이 우수 인재의 마음을 사로잡을 수 있을까?

나는 우수 인재를 확보하고자 국내 공채 두 번을 포함하여 수시로 채용 면접을 진행하고, 미국으로 1년에 두 번, 유럽과 일본으로 한 번씩 직접 출장을 가서 인재를 발굴했다. 이 과정을 통해 만나본 사람 중 기업에서 탐내는 대부분의 인재는 입사를 결정하기 전에 그 조직에 근무 중인 학교 선후배와 같은 지인에게 근무 환경, 상사들의 리더십, 연봉 등을 문의한다. 해외 유수 대학에서 유학 중인 인재를 채용할 때 직접 겪어본 일이다. 그는 누구나 데려오고 싶어 하는 뛰어난 인재였다. 이미 여러 기업으로부터 파격적인 조건으로 입사 제의를 받고 있었다. 나는 우리 회사에 오지 않아도 좋으니 국가를 위해 일해 달라고 당부했다. 그는 오히려 그런 내게 관심을 보였다. 그리고 이 회사에 먼저 근무 중이던 대학 선배에게 의견을 묻고 나서 입사했다. 나의 말에 관심을 기울이기도 했지만, 가장 큰 입사 이유는 선배의 권유였을 것이다. 그는 입사 후 그룹 연구 개발상을 받는 등 커다란 연구 성과를 내고 있다.

자신이 가고자 하는 기업에 근무 중인 지인으로부터 그 조직에 대한 부정적인 얘기를 듣고도 입사하는 인재는 많지 않

연구원은 무엇으로 사는가

연구 조직의

가장 중요한 자산은 인재다.

그들은 좋은 조직 문화가 있거나

자신이 성장할 수 있는 기업이라고

판단하면 입사를 결정한다.

다. 좋은 인재가 높은 보수를 제공하는 조직만을 선호하진 않는다는 것이다. 보수가 높지 않더라도 좋은 조직 문화가 있거나 자신이 성장할 수 있는 기업이라고 판단하면 입사를 결정한다. 보수가 높고, 훌륭한 조직 문화를 갖추고 있고, 자기 성장을 이룰 수도 있는 곳이 당연히 가장 이상적인 직장이다. 하지만 현실적으로 모든 부분을 만족시킬 기업은 많지 않다. 이때 기업은 지원자가 입사를 결정하는 과정 중에 판단 기준이 될 만한 가치의 우선 순위를 정립하는 것이 중요하다.

연구 경영자 입장에서 최고의 연봉, 좋은 조직 문화, 그리고 개인의 성장 가능성을 동시에 구현하기 어렵다는 현실을 고려한다면 무엇을 내세워서 우수 인재를 확보할 수 있을까? 소수의 우수 인재를 채용하는 것이 목표라면 최고의 연봉 보장과 특정 개인의 성장을 약속하기도 한다. 이 약속은 짧은 기간 유효할 수 있지만 지속해서 지킬 수는 없다. 입사할 때의 조건을 정년까지 보장하는 회사는 없기 때문이다. 또한 그 인재가 입사 후 어떤 성과를 내고 어떤 역량을 보여줄지 미리 알 수 없으므로 오랜 기간 꾸준히 성장할 수 있게 해주겠다고 단언하기 어렵다. 그동안 많은 기업에서 채용한 특급 처우의 우수 인재들이 얼마나 오랜 기간 근무했는지에 관한 통계가 있다면 의미 있게 활용할 수 있을지도 모른다. 물론 기업의 의도가 단기간만 인재를 활용하겠다는 것이라면 크게 문제 되지 않을 것이다. 사실상 고액 연봉과 보장된 성장만으로 지속해서 좋은 인재를 유치할 수는 없다는 의미다. 결국 해답은 좋은 조직 문화를 구축하는 것에서 찾아야 한다. 합리적인 리더십 아래에서 조직 구성원 간에 경쟁자가 아닌 동료로서 서로 배려하고 협업하여 성과를 내고, 자기 기여를 통해 삶의 가치를 찾을 수 있다면 높은 보수보다 더 중요한 기준을 채워준다고 생각할 것이다. 이런 문화 속에서 근무하는 구성원들은 조직에 대한 만족도와 자부심이 크다. 입사 지원자들의 문의를 받을 때 자기 회사로 들어오라고 권유하는 사람들이 바로 이들이다. 연구소장이나 회사 최고 경영자가 높은 연봉과 성장성을 제시하면서 우리 회사가 매우 좋다고 목 놓아 부르짖는 것보다 훨씬 설득력이 있다. 우수 인재를 지속해서 뽑을 수 있는 가장 좋은 방법은 현재 구성원들의 만족도를 올리는 것이다.

우수 인재를 채용하는 방법과 유지하는 방법은 근본적으로 동일하다. 좋은 조직 문화를 만들면 이직률은 낮아진다. 더불어 연구원 개인에 대한 인정과 배려는 인재와 오래도록 함께 일할 수 있게 돕는다. 연구원에 대한 상사의 인정은 마약과 같다. "역시 자네가 해내는군", "자네라면 할 수 있어", "자네를 믿네"와 같은 상사의 진정성 있는 인정은 이직의 유혹을 이기고 냉정한 평가에 관한 섭섭함도 넘겨버릴 힘이 된다. 자부심의 원천이 되기도 한다. 연구원과 상사 사이에 매우 귀중한 신뢰가 형성된다. 또한 연구원 개인에게 발생한 문제를 배려하는 것도 인재 유지에 큰 도움이 된다. 연구 책임자와 연구소장은 연구원 개개인의 문제에 관심을 가져야 한다. 연구소장의 관리 범위가 200~300명 이내에 있어야 하는 이유도 연구원의 이름뿐 아니라 개인적인 이슈를 파악할 수 있어야 하기 때문이다. 상사들은 구성원과 주기적으로 면담하고 그들의 고민과 어려움을 파악해야 한다. 구성원들은 상사를 신뢰하기 때문에 어려움을 토로하고, 또 어려움을 공유했기 때문에 그 상사를 신뢰하기도 한다. 때로는 가족에게도 말하지 못하는 고민을 상사에게 얘기할 수 있을 때 그 둘 사이의 신뢰는 더욱더 군건해진다. 구성원은 개인적 고충을 배려해주는 상사가 있는 직장을 쉽게 떠나지 않는다. 조직 내에서 이런 관계를 형성하는 것이 불가능하다고 생각하는 상사들이 많을 것이다. 아마도 이런 시도를 해보지 않았거나, 진정성이 부족했을 가능성이 높다.

때로는 가족에게도
말하지 못하는 고민을
상사에게 얘기할 수 있을 때
그 둘 사이의 신뢰는
더욱더 굳건해진다.
구성원은 개인적 고충을
배려해주는 상사가 있는 직장을
쉽게 떠나지 않는다.

평가와 보상

학교에 다니면서 모든 학생은 평가를 받는다. 직장인들도 직장에서 평가받는다. 그런데 직장인은 학생보다 평가에 대한 불만이 훨씬 크다. 직장인들이 학생들보다 나이가 많고 자존심이세기 때문일까? 그렇지 않다. 학생들은 똑같은 내용을 교육받고 똑같은 문제로 시험을 치른다. 반면에 직장인들은 각자 배운 전공도 다르고 주어진 문제도 다르기 때문에 평가에 대한불만이 클 수밖에 없다. 직장 상사들에게 구성원을 평가하는문제는 이러한 태생적 한계에서 오는 구조적 멍에다. 그렇다고직장에서 평가를 전혀 하지 않을 수는 없다. 이와 같은 근본적인 한계를 극복할 방법은 없을까?

완전한 해결책이라는 것은 없지만, 해결로 가는 방향을 제시한다면 바로 평가자와 피평가자 사이의 신뢰를 형성하는 것이다. S, A, B, C, D 평가 체계에서 믿지 못하는 상사로부터 A를 받아도 그 구성원은 '도대체 누가 S를 받은 거야?' 하며 불만을 품게 된다. 한편, 신뢰를 받는 상사일 경우 그가 누구에게 C를 줘야 할지 고민하는 사이, 본인에게 C를 달라며 찾아오는 구성원이 등장하기도 한다. 신뢰 형성이 평가의 부정확성과구조적 한계를 일정 부분 극복하게 한다는 것을 보여주는 예

연구원은 무엇으로 사는가

다. 평가자와 피평가자 사이의 신뢰가 평가의 출발점이 되어야
한다.

또한 평가자는 부지런해야 한다. 게으른 평가자는 결과만
으로 평가한다. 나의 경우, 조직 책임자가 자기 부하 직원을 어
떻게 평가하고 있는지 확인하곤 했다. 대부분 그대로 인정했
지만, 과정을 반영하지 않았다고 생각되는 평가 결과가 있으
면 그 평가에 관해 다시 함께 의논했다. 평가의 대상은 성과이
지 결과가 아니다. 성과는 결과와 과정의 합이다. 그런데 결과
만으로 평가한다면 성과를 제대로 평가한 것이 아니다. 앞서
언급한 바와 같이 많은 조직이 성과를 평가할 때 과정 평가를
생략한다. 과정을 평가하기는 번거롭고 어렵다. 쉽지만 잘못된
평가를 할 것인가, 아니면 어렵지만 올바른 평가를 할 것인가?
과정도 중요하게 여기며 결과를 평가할 때 꼼수를 부리는 피평
가자를 줄일 수 있다.

화학 반응에는 동력학Kinetics이 작용한다. 열역학Thermody-
namics적으로 화학 반응이 유리하다는 것은 반응이 일어날 수
있다는 것을 의미한다. 그러나 그 반응은 즉시 일어날 수도 있
고, 몇 시간이 걸릴 수도 있다. 이러한 열역학적 현상을 '노력'
이라는 관점에서 사회에 적용해보면, 노력해야 대가가 있다는
것에 대해 누구도 부인하지 않을 것이다. 사회 동력학적Sociody-

namics으로 유리한 조건이다. 그런데 왜 대가가 있을 것을 알면서도 노력하지 않는 사람이 많은 걸까? 노력과 대가 사이에 동력학이 작용하기 때문이다. 노력의 대가는 바로 있을 수도 있지만, 어떤 경우에는 몇 년 후에 나타나거나 심지어는 자신이 죽은 이후에나 나타날 수도 있다. 이 때문에 노력을 게을리하려는 유혹에 빠지게 된다.

평가자는 하위자와 차하위자들이 평소에 하는 노력을 늘 관찰하고 있어야 한다. 누가 무슨 기여를 했고, 남의 노력에 편승하려고 하는지, 심지어는 타인의 결과를 가로채고 있는지를 알아야 한다. 말이 많고 자기주장만 강한 직원에게 현혹되어서는 안 되고 조용히 성과를 만들어내는 직원을 발굴해 그 성과를 인정해줘야 한다. 한두 번의 평가에서 인정받지 못하더라도 결국은 제대로 인정받게 되는 사람이 많아지면 모든 구성원이 상사가 보지 않아도 열심히 할 뿐 아니라 말로만 떠들지 않고 성과를 내는 데 매진하게 된다. 아울러 차하위자까지 관찰해야만 직속 상사의 의견만 듣고 평가할 경우에 생기는 오류도 방지할 수 있다. 평가자가 부지런해야 하는 이유다.

특허를 작성할 때 대부분의 경우 공동 발명자가 있다. '지적 기여Intellectual Contribution'를 한 공동 발명자가 여러 명일 수도 있다. 문제가 되는 건 팀워크를 위해 지적 기여가 없는 동료나

연구원은 무엇으로 사는가

상사를 공동 발명자로 등록하는 경우다. 많은 기업에서 공공연하게 행하는 일일 수 있다. 이러한 관행은 자격이 없는 사람이 공동 발명자로 등록되기 때문에 불법이다. 또한 정당한 발명자들은 평가와 보상 측면에서도 불이익을 받게 되므로 하루빨리 개선해야 할 일이다.

모든 직장인이 상사에게 잘 보이려고 노력한다. 상사가 평가권을 갖고 있기 때문이다. 많은 직원 중 소수만 상사의 선택을 받아 중요한 자리에 선임되거나 승진한다. 그런데 선택받은 사람 일부는 상사의 인정을 받기는 했으나 문제가 많은 경우가 꽤 있다. 왜 상사는 이런 판단을 하게 됐을까? 누구나 본인에게 잘하는 사람을 좋아한다. 상사의 위치에서도 마찬가지다. 하지만 상사들 대다수가 부하 직원이 그의 부하 직원들을 어떻게 대하는지에 관해서는 관심이 없다. 그러다 보니 상사에게는 간을 내어줄 정도로 잘하지만 자기 부하 직원에게는 군림하면서 폭정 하는 사람이 의외로 높은 지위의 책임자로 결정된다. 이런 선택을 한 상사는 구성원들로부터 원성을 사게 되고 평가 역량을 의심받는다. 결국은 구성원들의 신뢰를 잃는다. 평소에 자기에게 잘하는 부하 직원이 그의 부하 직원에게 어떻게 하는지 관심을 두고 살펴본다면 문제가 있는 인물들을 쉽게 걸러낼수 있다. 부하 직원에게 잘하기보다 상사에게 잘하기가 훨씬 쉽기 때문에 부하에게 잘하는 사람이 제대로 된 사람일 확률이 매우 높다는 것이 그간의 관찰 결과다.

직장인 대다수가 상대 평가를 받는다. 전공이 다르고 주어진 문제도 달라서 생기는 평가의 태생적 한계를 인정한다고 하더라도 모든 것을 상대 평가하는 것은 무리다. 팀워크를 발휘하라고 하면서 모든 성과를 개인별로 상대 평가할 때 팀워크가 생길 수 있을까? 개인 역량과 성과에 따라 연봉을 책정하는 것은 이해가 되지만 성과급마저 팀 내에서 개인마다 다르게 준다면 팀워크를 발휘할 힘은 어디서 얻을 것인가? 회사 내에서 사업 부문별로 실적을 평가해 성과급에 차이를 두는 것이 합리적이라고 생각할 수 있다. 하지만 사업 부문 간 협력과 지원이 전혀 없는 회사는 있을 수 없다. 따라서 한 회사 전체의 성과급 중 일정 부분은 전 조직에 동일하게 나누고 나머지 부분을 사업 부문별 실적에 따라 상대적으로 나눌 필요가 있다. 사업 부문 내에서는 다시 일정 부분을 공통으로 나누고 난 후 소속 조직마다 실적에 따라 차이를 두는 것이 바람직하다. 구성원들은 회사 성과에 따른 공통 성과급, 소속 부문의 공통 성과급, 그리고 소속 팀 공통 성과급을 팀원들과 동일하게 받을 수 있게 됨으로써 회사, 소속 부문 및 팀의 목표 달성을 위해 노력할 힘을 얻게 될 것이다. 고정급인 연봉이 아닌 성과급과 같은 변동

급을 지급할 때는 적절한 규모의 절대 평가도 병행하여 팀워크 형성을 유도해야 한다. 상대 평가만이 능사는 아니다.

연구소의 역할은 현 사업의 경쟁력 확보와 미래 신사업을 위한 기술 혁신이다. 따라서 대부분의 회사 내에서 많은 연구원은 현 사업의 제품 개발을 위한 연구 개발을 하고 일부는 미래를 위한 신사업 제품을 연구하게 된다. 그런데 성과를 평가할 때 현 사업 연구를 하는 팀들과 미래 사업 연구를 하는 팀들을 동일한 기준으로 평가하는 회사가 많다. 대표적인 기준은 매출액과 영업 이익이다. 이는 몹시 불합리한 기준이다. 현 사업은 이미 생산 시설, 영업 조직, 고객을 유지하고 있다. 제품을 개발하면 즉시 판매가 가능하다. 신사업 연구는 어떨까? 아직 생산 시설조차 없는 경우가 대부분이고 설령 매출이 있다 해도 초기라서 액수가 적고 영업 이익은 적자인 경우가 많다. 이런 팀들을 동일한 기준으로 평가한다면 누구도 신사업 연구 개발을 할 의욕이 생기지 않을 것이다. 현 사업 연구를 하는 팀들은 그들끼리 평가하고 신사업 연구팀들은 해당 단계에서의 달성 목표만 중점적으로 평가하는 마일스톤Milestone 평가와 같이 별도의 기준으로 신사업 연구팀끼리 평가해야 한다. 이렇게 하지 않으면 연구원들조차 신사업 연구를 기피해서 그 회사의 신사업은 생겨나기 힘들어지고, 결국 연구 개발을 통한 신성장 동력은 끊길 것이다. 본인이 재임하는 동안의 성과에만 관심 있는 일부 전문 경영인들은 짧은 기간 눈에 보이는 성과를 내는 현 사업 연구팀에 좋은 점수를 준다. 신사업 연구는 불확실하고 성과로 연결되는 데 시간이 걸리므로 천대받는다. 이런 평가 때문에 신사업이 커나가지 못한다. 다음에 취임하는 전문 경영인은 신성장 사업이 없어 고전한다. 자명한 결말이다. 분명 다른 평가 지표가 필요한 연구를 놓고 동일한 기준으로 평가하는 것은 어리석은 일이다.

연구 개발에 투자한 것이 성과로 나타나기까지는 시간이 걸린다. 따라서 연구 개발의 성과를 평가할 때는 성과가 실현되기까지의 지연 기간을 반드시 고려해야 한다. 기존 사업에서 연구 개발을 할 때는 이 기간이 대체로 짧다. 신사업은 새로운 분야에 대한 연구 기간 소요, 생산 시설 준비, 마케팅, 고객 유치 등을 위한 시간이 필요하므로 더 긴 시간이 소요된다. 일반적으로 지연 기간은 개발 제품의 수명에 비례한다. 휴대폰과 같은 IT 기기들은 짧은 반면 소재 개발은 10년 이상 걸리며 바이오 분야의 신약 개발은 심지어 15~20년이 걸리기도 한다. 하지만 각각의 제품 수명은 그 지연 기간에 비례하므로 긴 편이다. 따라서 연구 개발 투자의 성과를 평가할 때 지연 기간이 넘지 않은 시점에 섣불리 성과가 없다고 판단하는 우를 범해서

연구원은 무엇으로 사는가

는 안 된다. 연구 개발비를 축소하는 경우에도 지연 현상이 발생한다. IT 기기 분야는 짧은 기간 내에 개발비 축소로 인한 영향이 감지되지만, 소재나 신약 개발 분야는 오랜 기간 잘 나타나지 않는다. 즉 연구 개발비를 줄여도 단기간에 기술 경쟁력이나 신제품 출시에 그 영향이 잘 나타나지 않기 때문에 단기적 결과 중심의 전문 경영인들이 연구 개발비를 줄여서 이익을 개선하려는 유혹을 느끼게 된다. 그러나 긴 기간 동안 사업 성과를 관찰하면 과거의 모든 투자가 사업에 어김없이 반영된다. 그렇기 때문에 긴 안목을 가진 전문 경영자나 회사 소유주가 연구 개발 투자에 성공하는 것이다.

지금까지 평가에 관한 여러 측면을 살펴봤다. 연구원들은 과도한 경쟁을 싫어하는 성향이 있다. 조직 구성원으로서 경쟁 자체를 완전히 피할 수는 없지만 오랜 기간에 걸친 과도한 경쟁은 연구원 간에 지식, 기술, 경험을 공유하거나 협업하는 데 독이 된다. 경쟁에서 밀려날 수 있다는 불안감은 창의성을 발휘하지 못하게 방해한다. 안정적인 근무 환경에서 연구에 매진할 때 창의성은 극대화된다. 개인 성과에 차별을 두는 상대 평가와 동료 의식이나 협업을 유도할 수 있는 절대 평가를 적절히 동시에 구사하는 평가 시스템이 필요한 이유다.

과도한 경쟁이 계속되면
연구원 간에 지식, 기술, 경험을
공유하거나 협업하는 데 독이 된다.
안정적인 근무 환경 속에서 연구에
매진할 때 창의성은 극대화된다.
개인 성과에 차별을 두는 상대 평가와
동료 의식이나 협업을 유도할 수 있는
절대 평가를 적절히 동시에 구사하는
평가 시스템이 필요한 이유다.

연구원 이동 제도

대부분의 연구원은 본인이 선택해서 연구팀을 정하지 못한다. 채용된 후 회사의 필요에 따라 연구팀이 정해진다. 그렇다 보니 일을 하다가 흥미를 잃거나 적응을 못 해서 성과를 내지 못하고 고민하는 연구원이 의외로 많다. 주어진 업무와 전공이 잘 맞지 않거나 팀 내 갈등이 일어나는 것이 고민의 주된 원인이다. 심지어 전공을 고려해서 본인이 팀을 선택한 운 좋은 연구원도 새로운 일을 해보고 싶어 하는 경우가 있다.

이렇게 이동을 희망하는 연구원들이 다른 팀으로 갈 기회를 얻을 수 있는 조직은 생각보다 많지 않다. 우선 연구원 입장에서 팀 이동을 원하더라도 팀장의 눈 밖에 날까 봐 다른 팀으로 가고 싶다는 말을 쉽게 하지 못한다. 팀장은 우수한 연구원이 이동을 희망할 경우 더욱더 허락하지 않는다. 팀장이 허락해도 상위 조직장이 반대해서 이동이 어려워지기도 한다. 이러한 과정에 인력 낭비가 심해진다. 하고 싶은 일을 몰입해서 할 때 창의성이 발현되므로 고민이 해결되지 않는 상태에서는 창의적인 결과를 기대하기도 힘들다.

연구팀이 과제를 수행하다가 여러 가지 이유로 과제를 중단할 때가 있다. 이때도 연구원 이동과 관련한 문제가 발생한다. 보통 제품 개발을 목표로 했던 팀은 하나의 과제를 끝마친 후 각 연구원이 자기 전공 분야를 고려하여 또 다른 과제로 이동한다. 그러나 종종 그 팀 그대로 남아서 새로운 과제를 찾고자 하는 경우가 있다. 팀장 눈치를 보거나 그동안 동료로서 함께하며 익숙해진 분위기를 깨고 싶지 않기 때문이다. 마치 '한번 해병은 영원한 해병이다'를 나쁘게 흉내내는 것 같은 모양새다. 제품을 개발하고 연구하며 동고동락했던 팀원으로서 가지는 애틋한 동료애를 이해하지 못하는 것은 아니지만, 조직의 효율성 측면에서 바람직하지 않다.

연구원들의 이동을 고려할 때 한 가지 더 생각해야 할 점이 있다. 연구원으로 입사한 사람은 반드시 끝까지 연구만을 해야 하는가에 대해서다. 지금 하고 있는 연구가 즐겁지 않을 때 다른 연구팀으로 이동하는 것뿐 아니라 사업 부문으로 이동도 고려할 수 있어야 한다.

연구원 중에는 연구를 평생 지속해야 한다고 무의식적으로 생각하는 사람이 많다. 특히 입사 초기에 많이 하게 되는 생각이다. LG화학에서는 연구원 출신의 사업 책임자를 꽤 많이 배출했다. 대부분 깊은 기술적 이해를 토대로 큰 사업 성과를 거뒀다. 정보전자 소재 사업을 총괄하던 사업본부장과 디스플레이 소재, 플라스틱 소재 등의 사업을 운영하는 사업부장들도 연구원 출신이었다. 최근 연구원 출신 최고 경영자들이 점점 많아지듯이 연구원들에게 사업 부문으로의 이동도 큰 기회가 될 수 있다는 것을 설명하고 적극적으로 장려할 필요가 있다. 이러한 방식의 인적 교류는 사업 부문과 연구 부문 간 이해의 폭도 넓히고 연구 개발 경험을 가진 경영직 임원을 많이 배출하는 통로가 될 수 있다.

최고 조직장은 이러한 연구원들의 원활한 이동을 위해 주의 깊은 노력을 기울여야 한다. 주기적으로 연구원 이동을 공모하는 제도를 운영하고 연구원들이 자유롭게 지원할 수 있는 분위기를 만들어야 한다. 물론 연구원이 원하면 즉시 옮길 수 있어야 한다는 것은 아니다. 소속팀과 이동하기를 바라는 팀의 사정을 고려하여 시간을 두고 이동한다거나 새로운 연구원을 받은 후에 이동하게 하는 등 차근차근 조정하도록 한다. 원하는 모든 인원이 즉시 이동하는 것은 아니더라도 조직의 전체 성과를 크게 해치지 않는 범위 내에서 최대한 이동을 허용하는 것이 장기적으로 조직 전체의 생산성을 올리는 좋은 방법이다.

포트폴리오 경영

연구소의 역할은 현 사업과 미래 신사업을 위한 기술 혁신을 이루는 것이다. 기술 혁신 전략은 사업 전략에 따라 세워진다. 당장 내일 회사가 망하지 않는 한 현 사업과 미래 신사업을 균형 있게 준비하는 연구 개발을 해야 한다. 현 사업과 미래 신사업의 자원 투입 비율을 얼마로 할 것인가는 최고 경영자의 비전과 철학에 의해 하향식으로 정하는 것이 중요하다. 매년 그 비율을 상황에 맞게 조정할 필요도 있다. 연구소 경영자는 정해진 비율에 맞게 각 사업에 필요한 연구 개발 과제를 결정하고 투입할 자원의 규모를 구체적으로 정한다. 아울러 매년 현 사업과 미래 신사업의 장단기 과제의 적절한 배분을 사업 전략에 맞게 조절해나가야 한다. 특히 미래 신사업은 사업화가 실현되면 현 사업에 포함되므로 비율에 변화가 생긴다. 이에 따라 미리 미래 신사업 후보 과제를 준비하여 자원 투입 비율의 변화에 대응할 필요가 있다. 연구 개발 과제는 원할 때마다 쉽게 만들 수 있는 것이 아니다. 새로운 아이디어가 필요하고 이를 구체화하는 데 시간이 오래 걸리므로 평소에 새로운 과제를 꾸준히 준비해야 한다. 현 사업에 필요한 연구 과제도 항상 사업 부문과의 소통을 통해 미리 정한다. 이렇게 함으로써 현 사업과 미래 신사업의 장단기 과제를 전체적으로 균형 있게 추진할 수 있다. 연구 과제 포트폴리오 경영을 추진하기 위해서는 장단기 사업에 관해 균형 잡힌 안목을 지닌 최고 경영자의 역할이 무엇보다 중요하다. 이런 최고 경영자만이 장기간 회사를 발전시킬 수 있다. 재직 기간의 실적만을 생각하는 최고 경영자는 할 수 없는 일이다.

연구 개발 과제 관리

연구 개발은 건축이나 토목 공사가 아니다. 건축이나 토목 공사는 대체로 공사 기간을 정확하게 예측할 수 있지만 상대적으로 연구 개발의 완료 기간을 정확히 예측하는 것은 불가능에 가깝다. 건축이나 토목 공사에서는 땅을 파는 시간, 콘크리트를 붓는 시간, 양생 시간, 벽돌을 쌓는 시간, 철근을 심는 시간 등 예측하기가 상대적으로 용이하다. 과도하게 단순화한 면은 있지만 그만큼 연구 개발의 성과가 들인 시간에 반드시 비례하지는 않는다. 조립 산업, 소재 산업, 의약 산업 등 산업 성격마다 시간에 따른 성과의 진척 양상이 조금씩 다르긴 하지만 개발 과정 내내 성과가 나다가도 어느 순간 후퇴하기를 반복한다. 물론 이러한 면을 고려하여 개발 기간에 때로는 약간의 여유를 두기도 한다. 또 어떤 경우에는 개발에 실패하기도 한다. 하지만 예측이 어렵다고 목표 개발 기간을 정하지 않을 수는 없어 지금까지의 개발 경험과 시장 상황을 고려하여 목표 시기를 정한다. 그래서 연구 개발 과제를 관리하는 데 개발 기간을 정하는 것은 특히 어렵다. 많은 연구 개발자가 본의 아니게 거짓말쟁이로 둔갑하게 되는 이유도 여기에 있다. 실제로 개발 목표 시기보다 빨리 개발된 제품은 매우 적다. 목표 기간에 여유가 있는 극히 일부의 경우를 제외하면 대부분 늦어진다. 그 때문에 기업의 연구 개발자들은 개발 제품의 목표 출시 날짜에 가까워질수록 밤을 지새우고, 주말까지 일하는 경우가 비일비재하다. 또한 마케팅이나 영업부서에서 시장 상황을 보고 결정하는 목표 출시 시기는 연구 개발자들에게 늘 촉박하다. 안타깝게도 시장은 연구 개발자를 배려하지 않는다.

연구 개발 과제를 관리하는 대표적인 방법은 '단계 승인 프로세스Stage Gate Process'다. 개발 기간에 최종 목표, 연도별 또는 분기별 개발 목표와 성과물을 정해 놓고 이를 달성하는지의 여부로 다음 단계를 진행해도 될지 결정하는 방법이다. 기간별 목표를 달성할 경우에는 아무 문제가 없다. 그렇지만 목표 달성에 실패했을 경우에 어떻게 대응하는지가 이 관리 방법의 성

연구원은 무엇으로 사는가

패를 결정한다. 실패했을 때 원칙대로 쉽게 과제를 중단해버리는 운영 방식이라면 연구 개발에 경험이 없는 일반인 경영자도 운영할 수 있을 것이다. 그러나 이렇게 되면 목표의 난이도가 낮은 과제를 제외하고 대부분이 개발 중에 중단될 가능성이 크다. 그만큼 개발 목표 일정을 맞추기가 어렵기 때문이다. 아울러 차후 연구 개발팀의 목표가 낮아지고 일정을 최대한 길게 늘리려고 하는 부작용이 수반되기도 한다. 우리나라의 수많은 국가 연구 개발 과제들이 실패에 따른 불이익 때문에 높은 목표에 도전하지 못한다. 그래서 90% 이상 국가 과제가 성공 판정을 받지만 세계적으로 경쟁력 있는 기술들이 많지 않다. 성공은 했지만 목표가 낮았기 때문이다. 일정에 따라 목표를 달성하지 못했을 때 중단하는 것만이 능사가 아니다. 물론 연구팀의 불성실함으로 인한 지연은 책임을 물어야겠지만 일정이 지연되더라도 목표로 한 고객과 시장이 존재하고 연구 개발팀이 성실하게 과제를 수행했다면 계속 연구할 기회를 줘야 한다. 과제 관리가 유연하게 이뤄져야 세계 최고의 제품 개발에 도전할 수 있다.

시장 선도형 제품을 개발하기 위해서는 여러 방법이 있겠지만 어느 경우라도 제품 속에 새로운 개념이 있다. 이 새로운 개념은 검증이 필요하다. 신개념의 제품을 개발하기 위해 검증하는 과정에서 '단계 승인 프로세스'와 같은 기존 과제 관리 방식을 적용하면 효율이 떨어진다. 이런 경우에는 '실행 중심 프로세스Iterative Process'를 도입하는 것이 유용하다. 단계별 승인 프로세스를 통해 몇 년간의 계획을 세우고 단계별로 진행하는 것이 아니라 개념 검증을 위해 아이디어를 빨리 실행해보고 그 결과에 따라 다시 새로운 시도를 하는, 매우 순발력 있고 유연한 과제 관리 시스템을 운영할 필요가 있다. 특히 불확실성이 많은 과제를 수행할 때 이와 같은 시스템은 더욱 절실하다.

결국 과제의 성격에 따라 앞에서 소개한 두 가지를 적절하게 혼합하여 과제 관리 시스템을 운영하는 것이 바람직하다. 목표가 명확하고 목표를 구성하는 요소들이 잘 정의되어 있어 정해진 마일스톤만을 충실히 달성한다는 가정하에 제품이나 기술 개발에 문제가 없는 경우에는 단계 승인 프로세스를, 목표 수립이 어려운 연구 과제의 경우에는 실행 중심 프로세스를 적용하도록 한다. 그래야 연구원들이 높은 목표에 도전하거나 세상에 없던 제품도 개발할 수 있다.

선택과 집중

어디서든 자주 등장하는 '선택과 집중'이라는 개념은 대체로 전략을 논의할 때 가장 많이 등장한다. 연구 개발 전략을 논의할 때도 예외는 아니다. "우리가 모두 진행할 수 없는 규모다", "자원이 제한되어 있다" 등의 이유에서 선택과 집중이 필요하다는 결론을 맺게 된다. 모든 경영자는 어떤 선택을 하고 무엇에 집중할지 항상 고민한다. 그런데 자세히 살펴보면 무엇보다 중요한 '선택과 집중' 전략을 오용하는 사례가 무척 많다. 예를 들어 한 회사가 미래 전략 사업 분야를 정하기 위해 글로벌 메가 트렌드와 자사의 핵심 역량을 고려하여 3개 분야를 후보로 결정했다. 3개 분야는 명백히 이 회사에 필요하고도 불확실성이 적은 미래 사업 분야였으나 자원 투입의 한계로 인해 이 중에서 한 개 사업 분야를 선택하여 집중하기로 했다. 이는 올바른 전략이다. 반면에, 사업 후보로 결정된 3개의 분야가 모두 필요하기는 하지만 불확실성이 큰 경우에 한 분야를 선택해서 집중한다면 이것은 전략이 아닌 도박에 가깝다.

연구 개발에서도 마찬가지다. 미래 신사업을 위한 연구 개발 과제는 불확실성이 크다. 그렇기 때문에 남들이 쉽게 도전하지 못하고 성공에 따른 보상이 큰 것이다. 세계 최고의 선도형 제품을 개발하기 위해서는 남이 시도하지 않았거나 못했던 기술을 개발해야 한다. 또한 같은 시장을 두고 여러 경쟁 기술들이 존재할 때 선택과 집중을 강요하는 고위 경영자들이 있다. 연구 개발에 투입하는 자원을 최대한 적게 하려는 숨은 의도가 있거나 그저 아무 때나 선택과 집중을 외치는 경우도 있다. 그러나 이렇게 불확실성이 많은 과제를 할 때는 경쟁 기술에 최소한의 자원을 투입하면서 기술의 불확실성을 어느 정도 해소하고 특정 기술의 우위 가능성을 확인한 후에 집중할 기술을 선택해야 한다. 적은 자원을 투입하면 실패하더라도 들어간 비용이 적다. 이와 같이 여러 기술의 가능성을 동시에 탐색하는 방식을 통해 경쟁에서 뒤처지는 상황을 방지할 수 있다. 초기 선행 연구에 미리 기술 개발의 가능성을 검증해보는 많은 수의 탐색 과제가 필요한 이유다. 연구 경영자들은 이와 같은 관점으로 의사 결정에 영향을 주는 경영진을 설득할 수 있어야 한다. 불확실성이 많은 상태에서 앞뒤 없이 선택과 집중을 하는 전략은 무모하다.

연구 경영자 교육

2020년 현재 우리나라에 연구 조직이 있는 기업은 4만 개가 넘는다. 큰 기업의 경우는 연구 조직이 100개가 넘는 경우도 있다. 수많은 연구 개발 조직의 경영자 중 기술 경영에 관한 기본 교육을 받은 사람은 극소수다. 기술 경영자가 하는 일의 중요성은 재론의 여지가 없다. 그런데 대부분의 연구원장, 연구소장, 연구 개발 센터장과 같은 기술 경영자들은 기술 경영 교육을 정식으로 받은 적이 없다. 나도 몇 번의 교육과 콘퍼런스에 참석했지만, 정식으로 기술 경영 교육을 받지 못했다. 선배 경영자들이 하는 것을 보고 배웠을 뿐이다. 일반적으로 선배 경영자는 나이가 많고 직위가 높기 때문에 임명된 경우가 많다. 운 좋게 경영 역량이 있는 선배를 만난다면 보고 배우는 기회가 되겠지만 그렇지 않으면 본인이 스스로 터득해야 한다. 기술 경영자는 조직의 성과 창출을 위하여 조직 문화를 만들고 기술 및 연구 개발 전략 수립, 인재 확보, 연구원 평가, 소통 등의 조직 운영을 균형 있게 추진하는 리더십이 필요하다. 큰 그림을 그리면서 세세한 부분도 파악할 수 있어야 한다. 개발 과제의 리뷰에만 몰두하여 연구 책임자들의 역할을 제한한다든지, 전략만 만들고 디테일은 전혀 모르는 편협한 기술 경영자가 되어서는 안 된다. 조직 운영의 여러 요소를 빠트리지 않고 조화롭게 챙기는 것이 핵심이다.

기업에서 사업 경영자 후보 교육은 많이 갖춰놓는 편이지만 기술 경영자 후보에 관한 교육은 전무하다시피 하다. 물론 사업 경영이나 기술 경영에서 공통으로 필요한 스킬이 많으나 기술 경영에 특화된 교육은 꼭 필요하다. 기술 전략 수립은 어떻게 진행할 것이며 어떤 방법론이 있는지, 연구 과제를 어떠한 기준으로 선정하고 관리해나갈지, 포트폴리오의 건전성을 어떻게 유지할지 등 기술의 경영과 관련된 학습을 통해 더욱 효과적인 연구를 추진할 수 있다. 갈수록 기술 경쟁이 심화하는 환경에서 더 많은 연구원과 자원이 투입되고 있다. 이를 지휘하고 관리하는 기술 경영자가 갖춰야 할 경영 역량을 확보하는 것은 더욱 중요해졌다. 아울러 기술 경영 역량이 없는 직위 높은 연구원을 선임 편의 때문에 기술 경영자로 보임하는 우를 범하지 않는 것도 이에 못지않게 중요한 일이다.

실패 관리

남이 하지 않은 새로운 제품을 개발하거나 심지어 이미 개념이

큰 그림을 그리면서

세세한 부분도 파악할 수 있어야 한다.

개발 과제의 리뷰에만 몰두하여

연구 책임자들의 역할을 제한한다든지,

전략만 만들고 디테일은 전혀 모르는

편협한 기술 경영자가 되어서는

안 된다. 조직 운영의 여러 요소를

빠트리지 않고 조화롭게

챙기는 것이 핵심이다.

알려진 제품을 개발할 때도 연구 개발 과정에서는 많은 실패를 거친 후에야 최종적으로 제품 개발에 성공한다. 개발을 추진하면서 실행하는 실험의 결과는 대부분 실험 전의 예상과 다른 경우가 빈번하다. 기대했던 결과가 나오지 않으면 실패다. 새로운 가정을 가지고 다시 실험한다. 또 예상과 다른 결과를 얻는다. 이러한 실패가 여러 번 반복되다가 작은 성공을 이루면서 개발이 진척된다. 여러 노력에도 실패로 끝나는 경우가 많지만 대체로 성공을 통해 서서히 최종 목표에 도달하게 된다. 이처럼 연구 개발 과정은 실패와 진전의 연속이다. 높은 목표에 도전하는 과제일 때는 더욱 그렇다. 그렇기 때문에 연구 개발 경영에서 가장 중요한 것은 실패를 잘 관리하는 것이다.

과제 성공을 경험했던 연구원들은 이미 스스로 자신감과 자부심이 있기에 실패로 인한 상사들의 짧은 무관심도 이겨낼 수 있다. 반면 처음으로 과제에 실패한 연구원들은 참담함을 느낀다. 실패한 연구원들을 질책하고 혹독한 평가를 하기는 쉽다. 하지만 게으름 때문에 만들어진 실패가 아니라면 실패한 연구원들에게 새로운 도전 기회를 줘야 한다. 그리고 상사들은 실패한 연구원에게 더 많은 관심을 두고 격려해줄 필요가 있다. 그들은 관심과 격려 속에서 새로운 도전을 하고 성공을 만들어낼 힘을 얻는다. 실제로 많은 연구원이 실패를 경험하고 난 후 새로운 과제에 도전해서 좋은 성과를 냈다. 그들은 과거의 경험을 통해서 실패를 줄일 방법을 터득하게 된 베테랑들이다.

앞서 논의한 3D 디스플레이용 광학 필름의 개발 사례를 실패의 관점에서 재해석해볼 수 있다. 이 필름의 가장 중요한 재료는 광 배향막 고분자 물질이다. 이 재료는 원래 LCD 화면을 좌우 방향에서도 잘 볼 수 있게 하는 시야각 보상 필름용으로 개발된 고분자 신물질이었다. 신물질 개발에 성공한 연구팀은 좋은 결과에 흥분했지만 회사에서는 시장 규모와 경제성을 이유로 사업화를 포기했다. 결과적으로 사업화의 실패였다. 연구원들은 크게 실망했다. 연구 경영자였던 나도 단기적 관점의 사업적 판단에 매우 아쉬움이 컸다. 그 당시 연구 과제를 중단하는 경우가 많던 때라 그 연구원들의 퇴직도 걱정스러웠다. 그러나 냉정하게 생각해보면 연구팀은 훌륭한 신물질을 만들어냈다는 점에서 원래의 목표를 성공적으로 달성했다. 단지 회사의 전략적 선택으로 사업화하지 못한 것이다. 나는 연구팀을 만나서 이러한 점을 설명하고 포상금을 주며 격려했다. 그리고 "이 기술은 선반에 올려놓고 있다 보면 언젠가 다시 활용될 것"이라고 위로했다. 다행히 팀장을 포함한 연구팀원 7명은 퇴직하지 않고 회사에 남아 새로운 연구팀 두 곳으로 재배치됐다. 2년 정도 지난 후, 고객으로부터 3D 디스플레이용 광학 필름 시장이 형성되기 시작한다는 정보를 입수한 과거 연구팀장과 연구원들은 과거에 개발했던 신물질을 활용해서 새로운 시도를 했다. 그 신물질을 화학적으로 일부 변화시킴으로써 새로운 광 배향막 고분자 신물질을 단시간에 개발한 것이다. 이 물질을 이용해 2년 만에 세계에서 최초로 편광 안경 방식의 3D 디스플레이를 가능케 하는 광학 필름을 개발했다. 이 기술로 세계 3D 디스플레이 시장을 지배할 수 있었다. 처음엔 실패했지만 연구원들이 퇴직하지 않고 자리를 지켜 선반에 올려뒀던 그 기술을 최종적으로 통쾌하게 성공시켰다. 물론 모든 연구개발의 실패가 성공으로 반전되는 것은 아니다. 높은 목표에 도전하는 기술을 개발하는 것은 실패의 확률이 높지만 이런 실패도 때로는 큰 반전을 가져올 수 있다는 것이다. 실패 확률이 높아서 도전하지 않는 조직에는 그러한 반전도, 선도형 제품의 개발도 기대할 수 없다.

연구원은 무엇으로 사는가

관계 중심의
조직 운영

    많은 조직에서 조직 문화가 중요하다고 말한다. 하지만 원하는 조직 문화를 어떻게 만들지에 대해서는 막막하다고 느낀다. 손쉽게 접근하는 방식이 경영자가 변하고자 하는 방향을 캐치프레이즈로 걸고 모두 변하라고 독려하는 것이다. 이와 같은 방식을 적용했을 때 단기적으로는 변해가는 것처럼 보일 수 있으나 그 변화가 오래 지속될까? 이토록 손쉽게 조직 문화가 구축된다면 누구나 원하는 조직 문화를 만들수 있을 뿐만 아니라 조직 문화 때문에 고민하지도 않을 것이다. 원하는 조직 문화의 모습이 보일 때마다 같은 방법으로 접근하면 되기 때문이다. 조직 문화는 리더와 구성원과의 관계가 중요하다. 그리고 리더가 조직 외부에 있는 사업부장이나 CEO와 같은 이해관계자와의 관계를 어떻게 만들어가느냐도 그에 못지않게 중요하다. 관계를 형성하기 위해서는 큰 노력이 수반되고 시간도 오래 걸린다. 그리고 성과가 금방 느껴지지도 않는다. 조직 구성원과 긍정적인 관계를 맺고 싶다면 상대방과 한 번 더 소통하려고 하고, 시간이 걸리더라도 꾸준히 다가가야 한다. 리더와 구성원과의 관계가 단순한 상하 관계나 명령과 복종의 관계가 아닌 서로 협력하고 보완하는 동반자적 관계라고 인식해야 한다. 리더는 진정성을 가지고 구성원들에게 다가서려고 노력하고, 각자 제대로 된 역할을 수행하기 위해 끊임없이 배우고 실천하면서 잘못된 행동이나 생각은 고쳐야 한다. 열린 마음으로 조직과 사람을 보는 것이 중요하다. 내 뜻만이 옳다고 주장하는 '꼰대'가 되어서는 안 된다. 그리고 조직 문화를 위해 조직 외부 이해관계자들의 지원을 이끌어내야 하고, 조직 문화를 저해하는 외부의 부당한 시도가 있다면 저항해야 한다. 이와 같은 노력을 꾸준히 할 때 구성원들은 같은 배를 타고 있다고 느끼고, 한 방향을 향한 노 젓기에 동참한다. 구성원들 또한 조직 문화의 주체는 다른 누구도 아닌 자신이라는 생각으로 변화에 적극적으로 참여하도록 유도해야 한다. 소통에 답이 있다. 다양한 방법으로 소통하고 그 과정에서 생기는 견해 차이를 진정성 있게 머리를 맞대고 논의하며 실천하면 어떤 충격에

연구원은 무엇으로 사는가

다양한 방법으로 소통하고

그 과정에서 생기는

견해 차이를 진정성 있게

머리를 맞대고 논의하며 실천하면

어떤 충격에도 쉽게 부서지지 않는

단단한 조직 문화를 만들 수 있다.

관계를 어떻게 관리하느냐는

조직 문화 형성에 있어

매우 중요한 요소다.

도 쉽게 부서지지 않는 단단한 조직 문화를 만들 수 있다. 관계를 어떻게 관리하느냐는 조직 문화 형성에 있어 매우 중요한 요소다.

소통

소통은 신뢰를 확보하기 위한 전제 조건이다. 조직 내 상하 관계에서 신뢰는 시스템과 제도로 수용할 수 없는 문제를 해결하게 돕는 실마리가 된다. 따라서 연구원들과의 소통은 원활할수록 좋다. 리더들과 구성원 간의 다양한 소통 창구가 필요하다. 계층별, 성별 간담회, 분기별 조직 전체 모임, 주니어 보드 등의 공식 채널도 필요하고 때로는 고된 업무를 수행 중인 연구원들과 리더가 좋은 음식을 함께 먹는 것도 좋다. 매달 짧은 글이나 동영상 메시지를 보내는 방법도 있다. 조직장의 경영 방식과 제도 등에 대한 피드백을 할 수 있는 익명 대화방의 운영도 고려해볼 만하다. 리더가 연구 현장인 실험실을 자주 방문하여 연구원들의 애로 사항이나 연구 환경에 개선이 필요한 사항을 듣고 느껴보는 것도 중요하다. 일련의 소통 과정 중 특히 신경 써야 할 일은 신입 연구원을 포함한 주니어 연구원들이 자기

연구원은 무엇으로 사는가

의사를 솔직하게 표현할 수 있는 환경과 분위기를 만드는 것이다.

　많은 리더는 구성원들과 소통할 때 싫은 소리 하는 것을 두려워한다. 괜한 지적으로 분위기를 망치거나 본인에 대한 호감도가 떨어지는 것을 걱정하기 때문이다. 그렇다면 듣기 좋은 소리만 하는 것이 옳을까? 그렇지 않다. 소통은 리더의 경영 철학, 비전, 조직이 처한 이슈 등을 솔직하게 구성원들과 공유하고 구성원들의 의견과 요구 사항을 듣는 것이다. 즉, 구성원들이 잘하고 있는 것에 대한 칭찬은 물론 잘못하고 있는 것에 대한 지적도 자연스럽게 할 수 있어야 한다. 그래서 소통을 자주 해야 한다는 것이다. 진정성은 없고 보여주기 위한 소통을 하거나 매번 일방적으로만 전달하고 일관성도 부족하면 부하들로부터 오히려 신뢰를 잃게 된다. 구성원들은 소통할 때 드러나는 리더의 진정성과 일관성을 보고 신뢰를 쌓는다. 쌓아놓은 신뢰의 잔고는 향후 생길 수 있는 조직 내의 다양한 문제를 해결할 귀중한 자산이다.

비효율적으로 보이는 효율 조직

군대는 전투에서 승리해야 한다. 연구 조직도 개발 경쟁자와의 싸움에서 이겨야 한다. 군대는 승리를 위해 일사불란하게 움직인다. 효율이 중요하므로 다단계로 이루어진 지휘관의 명령에 복종해야 한다. 연구 조직도 개발 목표가 명확하고 제품 설계 개념이 확실할 때는 일사불란한 효율이 중요하나 새로운 개념이 필요한 제품을 개발할 때는 효율보다 자율과 창의에 바탕을 둔 다양한 시도가 필요하다. 좋은 관계에서는 상대방을 일방적으로 밀어붙여서 끌고 가지 않는다. 시키는 대로 하라고만 하지 않는다. 단기적으로는 효율이 떨어지는 것 같지만 시간이 걸리더라도 같이 고민하며 필요한 사안은 설득해나간다. 부하의 성공을 위해 애정을 가지고 배려하면 부하는 성과로 화답한다. 생각만으로도 멋진 조직이 아닌가?

배려가 부하의 의식을 바꾼다. 모든 구성원으로부터 회비를 걷어서 조직 내의 각종 경조사를 지원하는 상조회를 운영할 때의 일이다. 젊은 연구원 중에는 쓸데없이 돈을 걷어서 무엇을 하는지 모르겠다며 불평하는 사람들도 있었다. 어느 날 한 젊은 연구원의 아버지께서 갑자기 돌아가셨다는 부고를 받았다. 그 연구원이 어쩔 줄 모르고 당황하고 있을 때 상조회에서 나서서 장례용품 준비는 물론 제반 장례 절차를 도와줬다. 장남인 연구원은 무사히 아버지의 장례를 마칠 수 있었다. 이후 그 연구원은 "나는 혼자가 아니고 조직의 지원을 받고 있다는 든든함을 느끼게 됐다"고 고백했다. 사람들은 작은 일에 상처 받기도 하지만 작은 일 하나에 큰 감동을 느끼기도 한다. 한 가지 예에 불과하지만 조직에서 해주는 배려의 가치는 월급에 비할 바가 아니다.

연구 개발 조직도 군대와 같이 경쟁자와의 싸움에서 반드시 이겨야 한다. 효율도 중요하지만 의도적인 비효율이 필요한 경우도 있다. 때로는 비효율적으로 보이는 배려와 사랑이 구성원들의 헌신을 이끌어낸다. 비효율처럼 보이는 효율적 연구 개발 조직이야말로 오랫동안 함께 갈 수 있는 조직의 모습이다.

최고 경영층의 지원

연구 개발자와 연구 개발 경영자는 사업 부문과의 관계에서 '을'의 위치에 있을 때가 많다. 사업 부문에서 돈을 벌어서 연구 개발비를 내기 때문이다. 사업 부문에서 직접적으로 연구 개발비를 지원하는 과제는 물론이고 각 사업 부문이 공동으로

출자하여 지원하는 전사 차원의 미래 준비 과제도 사업 부문 경영자의 영향력이 매우 크다. 따라서 연구 개발 경영자는 항상 사업 부문 경영자들의 지원을 받을 수 있도록 다각도로 노력해야 한다. 우선 현 사업의 경쟁력을 확보하고 이익을 창출하기 위해 사업 부문에서 직접 지원하는 과제를 성공적으로 수행해야 한다. 이는 연구 개발 활동 전반에 신뢰를 얻게 되는 과정이며 미래 사업에 대한 사업 부문 경영자들의 지원을 끌어올 계기가 된다. 미래 과제의 당위성과 지원 필요성도 기회가 있을 때마다 설명해서 사업 부문 경영자들을 든든한 지원자로 확보해야 한다. 하지만 모든 사업 부문 경영자를 우군으로 만들기는 어렵다. 이럴 때를 대비해서 회사의 최고 경영자의 지원이 필요하다. 연구 개발에 대한 투자가 성과로 실현되기까지 시간이 필요하다는 점을 이해하고 연구 개발에 관한 의지가 분명한 최고 경영자는 연구 개발 부문에 지원을 아끼지 않는다. 그러나 최고 경영자가 되기 전에 연구 개발을 통한 사업 성공을 체험한 적이 없거나 단기적 성과에만 집착하는 최고 경영자에게는 지원을 받기 어렵다. 오히려 연구 개발 부문이 많은 어려움을 겪게 된다. 이러한 상황에서는 기업의 소유주가 연구 개발에 대한 지원군이 될 수 있다. 대부분의 기업 소유주들은 CEO보다 훨씬 긴 안목으로 기업 경영을 바라본다. 이들의 지

연구원은 무엇으로 사는가

원은 연구 개발 경영자들에게는 축복이다. 물론 이 축복은 소유주에게 지속가능한 사업 실적으로 돌아온다.

LG화학의 배터리 사업은 두 번이나 고비를 맞았다. 2000년대에 사업이 매우 부진하기도 했고 어떤 해에는 1년에 2,000억 원 정도 적자가 났다. 전문 경영인인 최고 경영자들은 두 번이나 고 구본무 회장에게 "화학 회사가 할 사업이 아니다", "리튬 이온 배터리는 사업성이 없다"는 말로 배터리 사업 포기를 건의했다. 그때 구본무 회장은 "우리의 미래가 여기에 있으니 끈기 있게 해야 한다. 포기하면 안 된다. 연구 개발에 더 투자하라"고 독려했다. 그의 적극적인 지원과 혜안이 없었다면 오늘날 배터리 사업도, 1등 기술도 존재하지 않았을 것이다.

연구 개발에 대해 단기적인 관점을 가진 최고 경영자와 근무할 때의 일이다. 그는 부임하자마자 연구 과제와 연구 인력을 줄이는 것과 과도한 비용 절감을 요구했다. 3년여에 걸쳐서 연구 개발 과제의 30%가 중단됐고 연구 인력의 25%가 퇴사했다. 연구 개발을 총괄하는 입장이었던 나는 고통스러웠다. 평소 연구 개발을 매우 중요시하던 구본무 회장이 이 상황을 알게 됐다. 어느 날 이사한 기념으로 집들이를 한다는 회장의 자택에 가게 됐다. 원탁 테이블에 앉아 옆자리에 있는 최고 경영자와 한창 대화를 나누고 있는데 누군가가 뒤에 와서 내 어깨를 주무르며 "유 원장, 마이 드이소"라고 말했다. 뒤돌아보니 구본무 회장이었다. 그러고는 그가 최고 경영자에게 "유 원장한테 술 좀 권하소" 했다. 내게 힘을 실어주기 위한 제스처였다. 고민이 많던 와중에 나의 입장을 지지해주고 있다는 것을 느껴 진심으로 감사했다. 그 이후에도 이러한 지원은 계속됐다. 연구 개발 최고의 후원자 고 구본무 회장의 지원을 받으며 일했던 나는 행복한 기술 경영자였다.

의도된 방임

연구 개발 관리에서 효율만이 능사는 아니다. 이미 제품 개념이 검증되고 시장이 존재하는 제품을 개발할 때는 효율이 상대적으로 중요하다. 그러나 새로운 개념의 제품을 개발할 때 효율을 지나치게 강조하면 개발에 성공할 확률이 낮아진다. 연구원들은 자기가 하고 싶은 일을 하고 안정적 환경 속에서 일에 몰입할 때 가장 창의적이다. 창의성이 매우 필요하고 불확실성이 높은 과제를 수행하는 연구원들에게 기존의 잣대로 시장 규모, 고객 확보 여부, 자원 투입 대비 성과 등을 엄격히 관리하면 대부분의 과제가 추진해야 할 정당성을 확보하지 못해서 중단

연구원은 무엇으로 사는가

된다. 어느 정도의 임계치까지 불확실성에 도전하는 과제가 없으면 미래 사업의 주도권을 확보하기도 어렵다. 골프에서 홀을 지나갈 수 있는 정도의 강도로 퍼팅을 해야 홀에 볼이 들어가게 되는Never-up Never-in 이치와 같다. 그렇기 때문에 연구 경영자는 미래를 준비하는 예산 중에서 소위 '묻지 마'식 도전 과제를 할 수 있는 비용을 확보해야 한다. 이를 위해 최고 경영자나 기업 소유주의 적극적 지원을 받아낼 필요가 있다.

주어진 비용으로 효율 관리보다는 효과 관리를 잘하는 것이 중요하다. 비용 범위 내에서 연구원들이 마음껏 도전을 할 수 있게 하는 것이다. 이는 하고 싶은 대로, 방향 없이 마음대로 하라는 의미가 아니다. 사업 전략에 따라 만들어진 연구 개발 전략의 방향성을 기준으로 스스로 다양하고 새로운 시도를 할 기회를 주는 것이다. 물론 비효율적인 과정이 생길 수 있다. 그러나 효율 관리만을 통해서는 도달할 수 없는 도전 과제를 성공시키고 연구원들이 창의적으로 성과를 창출하게 하려면 '의도된 방임'이 필요하다. 즉, 연구원들이 하고 싶은 과제에 대한 아이디어를 스스로 낼 수 있도록 환경을 만들어주고, 과도한 관리 감독을 하지 않는 것이다. LG화학에서 개발한 3차원적 케이블형 전지나 온도 차이로 전기를 만드는 열전 신소재와 같은 것들이 그 결과물이다. 적절한 수준의 의도된 방임을 통해 단

새로운 개념의 제품을
개발할 때 효율을 지나치게 강조하면
개발에 성공할 확률이 낮아진다.
'의도된 방임'으로 비용 범위 내에서
연구원들이 마음껏 도전을
할 수 있게 해야 한다.

숨에 시장에서 1등을 차지할 비밀 병기를 준비하는 기업은 미래에 희망이 있다.

동기 부여

20여 년 전 여러 연구소 중 한 곳의 연구소장을 맡고 있을 때의 일이다. 당시에 각 사업 부문과 연구 부문별로 계열사의 신제품을 1인당 20개씩 마케팅 겸 프로모션했다. 달성을 목표로 하는 날짜가 정해져 있었고, 한 달마다 부문별 성적표가 나왔다. 사업 부문들은 대략 30% 내외의 달성률을 보였고 연구 부문은 고작 3% 수준이었다. 늘 이런 캠페인을 할 때마다 연구 부문의 참여율은 사업 부문 사람들이 같은 회사 동료로서 이질감을 느낄 정도로 낮았다. 연구원들은 "왜 우리가 이런 일을 해야 하느냐? 이건 옳은 일이 아니다"라며 불만을 표출했다. 당시 연구 부문의 총 책임자였던 기술연구원 원장은 과거 여느 프로모션 행사와는 달리 이 행사가 중요하다는 것을 느낀 눈치였지만 연구원들에게 강요하진 않았다. 나는 이 행사를 놓치면 안 되겠다는 생각이 들었다. 곧장 내가 맡은 연구소 전원을 강당에 소집하고 호소했다. "여러분들은 우수한 사람들이기 때문에 대우를 잘 해줘야 한다고 늘 주장해왔습니다. 그래서 사업 부문 사원에게는 없는 연구 수당을 받았고 진급 정원의 제한 없이 자격만 갖추면 모두 대리로 진급할 수 있는 특혜를 받았습니다. 그런데 이번 캠페인 달성률은 특혜를 받지 못한 사업 부문의 10분의 1 수준입니다. 사업 부문에 있는 사람들이 우리를 얼마나 얄밉게 보겠습니까? 특혜를 원할 때는 우리의 우수함을 얘기하다가 어려운 캠페인을 할 때는 다른 사람들이 해야 할 일이다, 우리는 상관없다는 자세, 이건 아닌 것 같습니다. 우리 스스로 정당성을 확보해봤으면 합니다. 사업 부문보다 많이 하자는 것이 절대 아닙니다. 근접하게 흉내라도 내보자는 것입니다. 오늘 이후로 나와 임원들의 교제비 상당 부분을 여러분들의 인센티브로 내놓겠습니다. 우리 한번 같이 뛰어봤으면 합니다."

다음 날부터 놀라운 변화가 일어났다. 하루에 2~3%포인트씩 달성률이 올라가기 시작했다. 한 연구팀 내에서 목표를 달성한 연구원은 그렇지 못한 연구원들을 돕기 시작했다. 목표를 달성한 팀은 그렇지 못한 팀을 도왔다. 연구소원 모두가 한 덩어리가 되어 열심히 뛰었다. 다른 연구소도 자극을 받으면서 실적이 급격히 올라갔다. 한 달 후 연구 부문의 실적은 60%까지 올라 사업 부문 실적을 능가하기 시작했다. 사업 부문 사람들은 "뺀질이 연구원들이 웬일"이냐며 놀라워했다. 연구원들은 많은 아이디어를 내서 제품을 팔았다. 아파트 단지에 있는 어떤 연구원은 개인 과외를 선전할 때 자주 사용되는 오징어 다리 전단을 만들었다. A4 용지 상단에 제품 설명을 하고 하단에 연락처를 여러 개 적은 후에 오징어 다리처럼 잘라놓고 원하는 사람이 가져갈 수 있는 전단을 활용했다. 제품 선전 전단을 만들어 백화점 입구의 길가에서 직접 제품을 팔기도 했다. 가히 감동적이라고 할 만한 변화였다. 두 달 정도 지나면서 목표 달성률이 100%를 넘었고 최종적으로는 110%를 달성했다. 사업 부문보다 훨씬 빠르게 목표를 추월해서 달성해냈다.

이 일을 계기로 연구원들에게 동기 부여라는 것이 얼마나 중요한지를 느끼게 됐다. '왜 해야 하는가?'에 대한 설득을 잘 한다면 연구원들은 열정적이고 창의적으로 일을 해낸다는 것이다. 제 것만 챙긴다며 손가락질받던 연구원들이 만들어낸 유쾌한 반란이었다.

Chapter 4

지금 어떤 리더십이 필요한가

연구 개발 리더의 성과는 무엇으로 평가받을까? 결국 연구원들이 만들어낸 성과의 합으로 평가된다. 그렇기 때문에 리더는 성과를 만들어준 부하에게 고마운 마음이 들기 마련이다. 부하에 대한 이러한 마음이 리더십을 발휘하는 근간이 되어야 한다. 상사의 애정을 느낀 직원은 더 열심히 일하고 자연스럽게 성과는 커지게 된다. 상사에게 돌아오는 성과가 커지면서 상사는 부하에게 더 좋은 환경을 만들어주려고 노력한다. 부하는 그 노력을 알아채고 더욱 일에 매진하면서 선순환이 이루어진다. 반대의 경우를 떠올려보자. 상사는 부하의 성과에 불만이 있다. 부하가 잘해야 내 성과가 올라가기 때문에 그를 질책한다. 부하는 내 잘못이라고 생각하기보다 상사가 해준 게

없다는 불만이 생긴다. 성과가 떨어진다. 적은 성과를 확인한 상사는 다시 부하 직원을 질책한다. 악순환이다. 리더가 어떤 선택을 해야 하는지 자명하지 않은가?

기본적으로 리더는 부하들을 사랑할 수 있어야 한다. 부하들에 대한 애정이 없으면 살아 숨 쉬는 조직을 만들 수 없다. 리더는 부하들이 상사의 애정을 느낄 수 있도록 행동해야 한다. 자신은 애정을 품고 있다고 말하지만 계속 질책만 한다면 누가 진정성을 느낄 수 있을까? 싫은 소리를 좋아하는 사람은 아무도 없다. 될 수 있으면 좋은 말로 얘기할 필요가 있다. 항상 좋은 말만 해야 한다는 것이 아니라 상황에 알맞은 칭찬과 격려를 많이 하라는 것이다. 부하의 잘못을 지적하는 것은 상사의 역할이기 때문에 필요한 때는 따끔한 질책을 해야 한다. 그러나 두 사람 간의 신뢰가 있을 때 지적은 효과를 발휘한다. 상사의 애정을 알고 있는 부하는 질책을 기꺼이 받아들인다. 신뢰가 없는 사이에서 질책은 두 사람의 사이를 멀게 한다. 심지어 상사의 칭찬을 계속 받아왔던 부하도 한 번의 질책으로 상사를 미워하기 쉽다. 홀수를 곱하다가 짝수를 한번 곱하면, 그 다음에 아무리 홀수를 곱해도 절대 홀수가 되지 않듯이 교정을 요구하는 언행은 신뢰를 바탕으로 신중히 해야 한다. 반드시 애정 있는 질책이어야 한다.

연구 개발의 가장 중요한 자산은 사람이다. 연구원들이 최고의 성과를 낼 수 있도록 리더는 사람 중심의 리더십을 발휘해야 한다. 연구 개발 경영자는 본인의 시간 중 50% 이상 연구원을 확보하고 그 인력을 유지 및 육성하는 데 사용해야 한다고 생각한다. 연구원들의 채용과 근무 만족도를 올리는 일에 집중해야 한다는 의미다. 앞서 언급한 것처럼 직원에게 중요한 것은 연봉만이 아니라 조직 문화를 바람직하게 만드는 것이다. 이것이야말로 연구원들의 행복 지수를 높여 성과 창출형 조직을 만들 효과적인 길이다. 여기서 연구원들을 행복하게 한다는 것이 일을 줄이고 개인이 하고 싶은 대로 편안하게 해준다는 뜻이 아니다. 상사가 불합리한 요구를 하고, 일찍 퇴근할 수 있는 상황에 상사가 눈치를 주고, 솔선수범하지 않는 상사가 강요만 할 때 직원들은 도망치고 싶어진다. 일에 재미와 보람이 있고 배려할 줄 아는 좋은 상사와 함께라면 일이 많아도 즐겁다. 물리적으로 바빠서 힘든 것이 아니다. 치열하게 일하면서도 행복한 연구원들이 꾸준히 성과를 내고 그들 주변에 우수 인재가 자연스레 모인다. 리더십이 조직 문화의 차이를 만든다. 조직 문화는 리더가 하기 나름이다.

리더의
조건

대학 생활에서 교수의 권위는 절대적이다. 학점은 물론 취업에 이르기까지 교수의 영향력은 막대하다. 유학을 위해 외국 대학에 입학하고자 할 때 교수의 추천서는 그 어떤 심사 자료보다도 입학 허가를 받는 데 중요한 역할을 한다. 특히 논문 지도 교수가 학생을 어떻게 평가하느냐에 따라 그 학생의 인생이 좌우되는 경우도 있다. 교수에게 어떻게 해야 인정받을 수 있을까? 먼저 교수가 지시한 일을 정확하고 빠르게 수행해서 그 결과를 보고한다. 한발 더 나아가 교수를 감동하게 하려면 어떻게 해야 할까? 지시받은 일을 빨리 잘하는 것은 물론 새로운 아이디어를 추가하고 실행해서 얻은 결과도 같이 보고하는 것이다. 자신이 지시한 일 이외에도 새로운 아이디어

연구원은 무엇으로 사는가

를 생각해내고, 결과까지 가져온다면 그 학생이 얼마나 기특하고 대견할까? 교수에게 인정받을 뿐만 아니라 졸업할 때까지 훈훈한 사제 관계는 지속될 것이다.

대학교에서 이렇게 생활한 학생이 사회로 나와 직장에 들어간다면 어떨까? 단언컨대 그와 같은 자세를 견지한다면 직장에서도 인정받는다. 직장에서 인정받는 방법도 대학에서 교수에게 인정받는 것과 다르지 않기 때문이다.

직장 상사가 지시한 일을 정확하고 신속하게 처리해서 보고하면 상사는 만족한다. 부하가 지시한 일 이외에 스스로 고심해서 새로운 아이디어를 가미해 결과를 보고해준다면 상사는 감동한다. 대학 교수처럼 직장 상사의 영향력도 매우 크다. 어떻게 보면 직장의 첫 상사에게 인정받는 것은 조직 생활 적응과 향후 자신의 성장을 위한 자신감 형성에 결정적 계기가 된다. 상사는 그런 부하를 인정하고 성장시키기 위해 자신이 가진 지식과 경험을 전수해주려고 한다. 이렇게 일하는 방법을 견지한 부하의 장래는 밝다. 화살이 활시위를 떠나는 순간의 방향 차이는 미세하지만 먼 거리에 떨어져 있는 표적에서는 큰 차이가 나는 것처럼 입사 초기에 상사로부터 받은 인정은 조직 생활에 대한 자세와 미래 성장에 지대한 영향을 미치게 된다. 간단한 일 처리 방법 하나에서도 큰 차이가 난다. 이런 방식으로 일해 온 사람들은 리더로 성장할 기본적인 조건을 갖춘 인재다.

인정받기 위한 조건

인정받기 위해서는 무엇을 갖추어야 할까? 그간 38년가량 직장 생활을 하면서 인정받는 사람들이 가지고 있는 공통점이 무엇인가를 관찰했다. 그 결과, 공통점은 네 가지로 압축할 수 있었다. 네 가지를 동시에 가지고 있는 사람은 조직 내에서 반드시 인정받았다.

첫 번째 열정이다. 열정을 가진 사람은 일에 몰입할 수 있다. 몰입하는 사람은 창의적이다. 안 풀릴 것 같은 문제도 해결한다. 일에 대해 무관심하고 열의가 없는 사람이 아이디어를 내기는 힘들다. 아무리 머리가 좋고 지식이 많아도 일에 대한 열정이 없으면 아무 소용이 없다. 우선 일에 대한 열정이 있어야 좋은 성과라는 긍정적인 결과까지 갈 수 있다.

두 번째 실력이다. 실력은 전문 지식을 말한다. 깊은 샘이 마르지 않듯이 자신의 전문 지식을 갈고 다듬어야 한다. 예전에는 우스갯소리로 아부하느라 손바닥을 하도 비벼서 지문이다 닳은 사람도 나름 생존했는지 모르지만 요즘에는 실력 없이 조직에서 생존한다는 것은 불가능하다. 경쟁이 치열한 최근에는 더욱 조직에서 필요한 전문 지식을 갖춘 사람이 조직의 보배다. 조직에서 필요한 전문 지식을 갖춘 인재를 확보하기 위해 기업들은 전쟁 중이다. 어느 기업이 더 좋은 인재를 유치하느냐가 그 기업의 미래를 결정하기 때문이다. 실력 즉, 전문 지식은 직장에서 인정받기 위한 필수 조건이다.

세 번째 자기 혁신을 위한 끊임없는 노력이다. 누구나 한 번쯤 직장에서 인정받거나 성공 수확을 올려봤을 수 있다. 문제는 그 한 번의 인정과 성공에 취해 더 이상 노력하지 않는 경우가 많다는 것이다. 이렇게 되면 꾸준하게 인정받지 못한다. 흐르는 강물을 거슬러 노를 저어 갈 때, 노 젓기를 멈추면 물살에 떠내려가는 것과 같다. 한 번의 인정과 성공에 머무르지 않고 끊임없이 노력하고 준비하는 자기 혁신이 필요하다. 성공을 이룬 순간에 취하기보다 다음 해야 할 일을 파악하고 성공으로 이끌기 위해 지금 무엇을 준비해야 할지를 고민해야 한다. 조직은 끊임없이 자기 혁신을 하는 사람을 원한다.

마지막은 타인의 역량을 동원해내는 능력이다. 최근 디지털화로 연구 개발 분야에도 엄청난 양의 정보가 넘쳐나고 있다. 정보를 정확히 아는 자가 승리하는 시대다. 기업 입장에서는 제품 수명 주기도 짧아져서 남보다 먼저 새로운 제품을 출시하기 위해 피 말리는 개발 전쟁을 치르고 있다. 이런 상황에서 모든 것을 기업 스스로 다할 수 있다는 생각은 더 이상 유효하지 않다. 개방형 혁신의 유행도 이러한 환경에 적응하기 위한 노력의 일환이다. 개인도 마찬가지다. 자신이 가지고 있는 지식에만 의존한다면 경쟁에서 뒤처지고 만다. 남이 가진 지식, 기술, 경험을 자신이 하는 일에 잘 활용하는 것이 매우 중요하다. 남이 가진 역량을 동원할 수 있는 능력이 절실하다.

열정, 실력, 자기 혁신, 그리고 남의 역량을 동원할 수 있는 능력이 조직에서 인정받기 위해 갖추어야 할 것들이다. 이 네 가지를 모두 겸비한 사람이 조직에서 인정받지 못하는 경우를 본 적이 없다. 만일 자신이 조직에서 인정받지 못하고 있다면 네 가지 중 어느 부분이 부족한지를 한 번쯤 되돌아보고 부족한 부분을 보완하기 위해 무엇을 노력해야 할지 고민해보는 것은 어떨까?

솔선수범

모든 연구 조직은 연구 전략을 만든다. 연구 기획팀이 일차적

하나, 열정을 가진 사람은
일에 몰입할 수 있다.
둘, 깊은 샘이 마르지 않듯이
자신의 전문 지식을 갈고 다듬어야
조직에서 살아남는다.
셋, 한 번의 인정과 성공에
머무르지 않고 끊임없이 노력하고
준비하는 자기 혁신이 필요하다.
넷, 남들이 가지고 있는 지식,
기술, 경험을 자신이 하는 일에
잘 동원할 수 있어야 한다.

으로 전략을 만들어서 조직장에게 보고한다. 조직장은 마음에 들지 않아서 다시 작성하라고 한다. 때로는 이렇게밖에 못하느냐고 혼도 난다. 기획팀장과 팀원들은 야근과 휴일 근무를 하며 두 번째 안을 만들어 보고한다. 조직장은 아직 마음에 들지 않는다고 재작성을 지시한다. 기획팀은 죽을 맛이다. 야근과 휴일 근무를 몇 번 반복한 끝에 최종 전략을 완성한다. 일반적으로 상반기, 하반기에 한 번씩 전략 보고를 하게 되는데 앞서 말한 과정을 거치는 기획팀은 전략 자료를 두 번 작성하면 한 해가 지나간다. '이건 우리 얘기'라는 생각이 드는 조직이 있으면 문제는 바로 그 조직의 리더다.

연구소의 전략을 만드는 일은 연구소장이 주도해야 한다. 연구소장직은 소장이 되기까지 쌓았던 지식과 기술, 경험이 있기 때문에 전략도 만들 역량이 있다고 여겨질 때 오를 수 있다. 그런데 왜 기획팀이 전략을 만들어 소장에게 보고해야 하는 걸까? 물론 소장이 무조건 혼자서 전략을 만들어야 한다는 것은 아니다. 적어도 전략의 개략적인 방향과 중요한 키워드를 제시해야 한다. 그래야 기획팀이 방향성을 갖고 나름의 아이디어도 추가해서 초안을 만들 수 있다. 그 다음에 소장과 같이 리뷰를 하면서 수정하면 아주 짧은 시간 안에 전략을 만들어낼 수 있다. 소장이 먼저 방향을 제시하면 기획팀의 쓸데없는 업무를

연구원은 무엇으로 사는가

대폭 줄일 수 있다. 소장의 주도적인 의견 제시 없이 만들어진 전략은 기획팀 직원 수준의 전략으로 전락하는 것이다. 비단 연구 분야에만 해당하는 이야기가 아니다. 업무 초기에 방향을 잘 잡아주는 리더가 조직의 생산성을 높인다.

계승 발전

회사의 최고 경영자가 바뀌면 회사의 비전, 공유가치, 사업 전략, 기술 전략, 연구 개발 전략 등 많은 것이 바뀌는 경우가 허다하다. 물론 전임자가 참담한 경영 실적을 오랜 기간 보여줬다면 모든 면에서 변화가 필요할 수 있다. 그렇지 않은 많은 경우에도 신임 최고 경영자는 모든 것을 바꾸고 싶은 유혹을 느낀다. 3~6년 정도의 임기로 취임하는 최고 경영자들과 달리 회사의 비전이나 미래상은 적어도 10~20년 이후의 회사 모습을 그린다. 어느 회사든 비전과 공유가치는 구성원들이 참여해 고민과 노력 끝에 만들어진 경우가 많고 그 결과물은 대부분 매우 훌륭하다. 그런데 왜 바꾸려고 하는 걸까? 대다수는 전임자가 수립한 비전과 공유가치 자체가 문제라기보다 이를 성실하게 제대로 실천하지 않는 것이 문제다. 그렇기 때문에 무작정 바꾸기보다는 제대로 실천하려고 노력하는 것이 실용적이고 합리적인 접근법이다. 기업의 규모가 클 경우, 비전이나 공유 가치 하나만 바꿔도 이를 담고 있는 액자, 광고나 홍보물 등에 큰 비용이 소요될 뿐만 아니라 새로운 비전과 공유가치를 만들기 위한 시간과 노력도 더 필요하다. 이처럼 비효율적으로 시간을 낭비하기보다 선임자의 좋은 유산은 계승, 발전시키고 보완이 필요한 부분만 일부 바꾸는 것이 현명하고 슬기로운 방안이 될 수 있다. 전임 최고 경영자가 만든 비전과 공유가치를 그대로 유지하면서 좋은 성과를 내고, 미래도 충실히 준비하는 최고 경영자가 과거에도 있었다. 이들은 한마디로 실천하는 CEO다.

연구 개발에서도 비슷한 일들이 벌어진다. 최고 경영자가 바뀌면 잘 진행해오던 연구 개발 과제에 메스를 들이대는 경우가 많다. 사업 전략과 이에 따른 기술 전략이 바뀐 적이 없는데도 과제를 없애기 시작한다. 특히 신사업 분야의 연구 개발 과제는 이와 같은 접근에 더 취약해서 최고 경영자의 교체로 한바탕 대혼란을 겪으면 대부분 없어진다. 단기 성과뿐만 아니라 중장기적 관점에서 균형 있게 준비해야 하는 최고 경영자 본연의 역할을 망각한 채 단기 성과에 매몰되어 비용 절감 목적으로 과제를 정리하는 것이다. 그러고는 시장성이나 회사와

연구원은 무엇으로 사는가

의 적합성을 핑계 댄다. 미래를 팔아서 현재를 배 불리는 어리석은 일이다. 신사업 분야의 연구 개발 과제는 대부분 기술 경영자가 혼자 정하는 것이 아니라 이해관계자들과 합의해서 만들어진 것이다. 최고 경영자와 관련 사업 부문 책임자들, 즉 과거 경영진에서 합의한 결정을 새로운 최고 경영자가 쉽게 뒤집어엎는 경우가 많다. 새롭게 개선된 사업 전략이 만들어졌다면 전략 방향에 따라 연구 개발 과제들을 재정비하는 것은 지극히 정상적인 일이다. 누구도 이에 대해 반론을 제기하지 못한다. 하지만 공동의 합의로 이뤄진 사업 전략 없이 과제에 손을 대는 일은 없어야 한다. 연구 과제는 수년간의 노력과 검증을 통해 만들어지고 관련된 연구원들이 신명을 바쳐 일해온 것임을 생각하며 신중하게 과제를 정리할 필요가 있다. 기존의 좋은 과제는 이어받아 발전시키고 과제 일부에 변화를 주거나 새로운 과제를 추가함으로써 과제 포트폴리오를 강화시키며 미래를 대비하는 것은 분명 좋은 경영이다. 전임자의 유산을 잘 계승하고 발전시키는 노력과 실용적 리더십이 필요하다. 모든 리더는 누구나 전임자가 된다.

현장 방문 경영 Management By Wandering Around

나는 연구소장 때부터 일주일에 한두 번씩 연구실을 방문했다. 연구원들의 연구하는 모습을 보고, 연구에 관해 논의하고, 연구실 내의 안전 환경 문제도 점검하고자 했다. 또 다른 목표는 연구원 모두의 이름을 기억하는 것이었다. 한 번 방문하면 보통 두세 시간 정도 머물렀다. 처음에는 감시하러 오는 것이 아니냐는 연구원들의 눈초리가 따가웠으나 방문이 거듭되면서 오해가 풀렸다. 나는 연구실 방문이 즐거웠다. 나의 성과를 만들어주는 연구원들을 보면서 그들에게 필요한 것이 무엇일지 생각했다. 연구원들의 자리 앞에 붙어 있는 이름표를 반복해서 보면서 300명이 넘는 연구원 모두의 이름을 기억할 수 있었다. 가끔 복도에서 만나는 연구원의 이름을 부르고 안부를 물으면 그들은 놀라면서도 기뻐했다. 휴식 시간에 커피를 마시는 연구원들과 어울리면서 그들의 최근 관심사를 알 수 있었고, 이를 연구소 경영에 반영했다. 특정 연구팀의 실험실 분위기를 보고 팀 내 갈등이 있음을 알게 되면 갈등을 해소해주기도 했다. 연구팀들의 개발 진척도도 자연스럽게 파악할 수 있었고, 새로운 과제에 관한 아이디어를 듣고 함께 기술적인 논의를 즐겁게 나눴다. 나로서는 연구원들로부터 배울 기회였다. 회사 내

모든 연구 조직을 총괄하는 기술연구원장이 되면서 연구원은 1,300여 명에 이르렀다. 모든 연구원을 15명 정도의 그룹으로 나눠 함께 식사하며 이름을 기억하고자 노력했다. 연구원의 수가 점점 늘어 5,000명을 넘어가게 되자 이름을 기억하는 능력이 퇴화했다고 느꼈다. 그 상태에서 내가 계속할 수 있는 일은 실험실을 방문하는 것이었기 때문에 원장이 되고 나서도 열심히 찾아갔다. 연구원들과 호흡하며 보낸 그때가 지금도 행복한 기억으로 남아 있다.

연구 개발 경영자는 연구 현장에 자주 모습을 보여야 한다고 생각한다. 사무실에 앉아서 보고만 받는 것은 현장과 괴리될 가능성이 높다. 실험을 어떻게 하는지 본 적 없는 상태에서 실험 결과를 보고받으면 해당 실험의 의미와 내용을 온전히 받아들이기 어려울 수 있다. 연구원들은 자기가 실험하는 모습을 보고 함께 고민하는 상사에게 묘한 동질감을 느낀다. 이는 신뢰로 이어질 수 있다.

리더의 스케줄

리더는 바쁘다. 고위 리더일수록 더 바쁘다. 그들의 하루 일정은 회의의 연속이다. 1주일 내내 회의를 할 때도 있다. 그렇게 회의를 계속하면서 일을 많이 했다는 뿌듯함을 느끼기도 한다. 리더들은 회의가 많다는 것을 인지하면서도 무의식적으로 계속한다. 의사 결정이 이뤄지고, 중요한 사항을 공유하고, 결론이 나오는 회의는 필요하다. 하지만 얼마나 많은 회의가 비생산적인지 모두가 경험해봤을 것이다. 회의 한 번을 준비하기 위해 많은 자원이 동원될 경우 그 폐해는 더 크다. 모든 회의에 꼭 필요하지도 않은 대규모 인원을 참석시키는 리더들이 많다. 규모를 통해 자기만족을 하는지는 몰라도 시간과 자원의 낭비가 너무 크다. 정해진 회의 시간을 지키지 않는 것도 문제다. 1시간 회의를 하기로 했는데 2시간이 지나도 끝나지 않는 경우가 허다하고, 이때 회의를 소집한 리더는 참석자들에게 양해도 구하지 않는다. 같이 참석한 부하들의 이후 일정은 고려하지 않는다. 리더는 이와 같은 회의 중독을 경계해야만 한다.

바쁜 리더라 하더라도 일주일에 반나절 또는 하루 정도는 스케줄을 비울 수 있도록 노력해야 한다. 지금 하는 일에서 벗어나 조용히 혼자서 조직이 올바른 방향으로 가고 있는지 돌아보는 시간을 가져야 한다. 너무 현업에만 함몰되어 있지는 않은지, 약속했던 제도 설립은 잘 추진되고 있는지, 중장기 전략 방향에 맞게 일을 추진하고 있는지, 내가 하는 회의 방식은 바람직한지, 쓸데없는 회의를 하고 있는 건 아닌지 등을 점검하며 리더로서 해야 할 일들을 균형 있게 반추할 필요가 있다. 때로는 생각의 한계를 뛰어넘는 공상을 하는 것도 정신적 유연함을 키우는 데 도움이 될 수 있다. '바쁠수록 쉬어가라'는 말이 괜히 나온 것이 아니다.

바람직한 리더의
모습

많은 사람이 리더십에 관심을 보인다. 리더십에 관한 책이 베스트셀러 상위를 차지하는 경우가 흔하다. 또 경영상의 문제를 진단할 때 제시하는 해결책에 리더십은 언제나 등장한다. 이만큼 리더십은 중요하고 조직의 성과와도 직결된다. 그렇다면 리더는 어떤 조건을 갖춰야 할까? 이에 대한 학자들의 연구 결과도 많고 각자 중요하다고 생각하는 조건들도 다양하다. 전문 지식을 잘 갖춰 리더십을 발휘해야 한다거나 좋은 리더의 조건은 책임감이라고 말하기도 한다. 리더는 추진력이 있어야 한다고 얘기하는 사람도 많다. 반면 누군가는 교섭력이나 의사소통 능력을 중요하게 생각한다. 무엇보다 카리스마가 우선이라고 주장하기도 한다. 이처럼 리더의 조건에 관한

연구원은 무엇으로 사는가

다양한 관점이 있다. 모두 리더에게 필요한 조건들이다.

그러나 언급한 이 모든 조건은 리더가 되기 위한 일반적인 조건이다. 좋은 리더가 되려면 무엇이 더 필요할까? 나는 '정신적, 물질적으로 밑질 줄 아는 마음'이라고 생각한다. 이러한 마음을 가지지 못한 사람은 절대 좋은 리더가 될 수 없다. 자판기 앞에서 남보다 먼저 동전을 꺼내서 넣는 사람, 식사를 마치고 계산대에서 먼저 지갑을 여는 사람, 그리고 어려운 이웃에게 금전적 도움을 주는 사람이 물질적으로 밑질 줄 아는 사람이다. 남의 어려움을 함께 나누고 고민해서 해결책을 제시하는 사람과 자신이 한 좋은 일을 다른 사람이 한 일로 남들에게 알려져도 모르는 척하는 사람은 정신적으로 밑질 줄 아는 사람이다. 이런 사람들은 좋은 리더가 될 수 있는 조건을 가지고 있다. 식사가 끝나고 계산할 때마다 신발 끈을 고쳐 매는 사람을 따르고 싶을까? 남이 고민하는 것을 상의하고자 할 때 성가셔하는 사람을 누가 따르려 할까? 사람들은 정신적, 물질적으로 밑진 사람에게 빚을 지고 있다고 생각하기 때문에 늘 그 빚을 갚으려 한다. 자신이 빚졌던 사람이 도움을 청해오면 모두가 나서서 기꺼이 도와주고, 좋아하며 따른다.

조직에서 인정받기 위해 갖춰야 할 네 가지 중 마지막인 남의 능력을 동원할 수 있는 능력은 바로 '정신적, 물질적으로 밑질 줄 아는 마음'을 가질 때 생긴다. 강제로 남을 동원하는 것은 한계가 있다. 물론 오래갈 수도 없다. 힘을 통해 남을 동원하는 사람은 깡패나 다름없다. 지위를 통한 리더십도 한계가 있기는 마찬가지다. 좋아하지도 않고 존경하지도 않는 상사를 위해 적극적으로 자기가 가진 것을 내놓고 도와줄 사람은 없다. 정신적, 물질적으로 밑지는 것이 어떻게 보면 손해 같지만 길게 보면 남는 장사다. 언젠가 도움이 필요한 순간에 흔쾌히 손 뻗어올 사람이 많기 때문이다. 짧은 기간에 밑진다고 생각하고 꾀를 내어 회피하는 사람들은 헛똑똑이다.

학생들은 사회에 나가서 성공하려면 성적을 잘 받아야 한다는 생각에 스펙을 쌓으려고 열심히 노력한다. 그런데 학교 다닐 때 공부를 잘했던 사람들, 소위 성적 우수자들은 사회로 나와 조직 생활을 하는 동안 학교에 다닐 때처럼 모두 성공하지는 못한다. 사실 학교에서 받은 A 학점도 상대적이다. 그들이 잘한 것도 있겠지만 남들이 상대적으로 못 했기 때문에 받은 성적일 수 있다. 동기생들이 연애하느라 바빠서, 집안 사정이 어려워 아르바이트를 하느라 공부할 시간이 부족해서 그 덕에 좋은 학점을 받았을 수도 있다. 어떤 면에서는 좋은 학점을 선사해준 동기생들에게 감사한 마음을 가져야 할지도 모를 일이다. 순전히 자신이 잘났기 때문에 이룬 성과는 아니라는 것이다. 그런데 일부 성적 우수자들은 오로지 자기 자신만 잘난 덕에 좋은 성적을 받았다고 생각한다. 좋은 학점을 받은 것을 틈만 나면 은연중에 자랑한다. 받았던 성적에 늘 취해 있다. 나는 이들이 '정신적, 물질적으로 밑질 줄 아는 마음'을 가지는 경우를 본 적이 없다. 그런 사람은 주위의 도움을 받기 어렵다. 직장에서 혼자 할 수 있는 일은 거의 없다. 동료, 후배 그리고 상사의 지원과 협조 없이는 좋은 성과를 내기가 힘들다. 그렇기 때문에 그들에게 좋은 리더가 되기까지의 여정은 멀고 힘든 것이다.

추진력 좋은 리더

'추진력 좋은 리더' 하면 어떤 사람이 떠오르는가? 불합리를 강요하고, 자기주장이 강하며 수단과 방법을 가리지 않고 임무를 완수하는 사람을 떠올리지 않았는가? 적어도 차분하고 합리적이고 신사 같은 사람은 아닐 확률이 높다. 실제로 얌전하고 내성적인 사람은 추진력이 없을 것이라고 평가받는 경향이 있다. 합리적이고 점잖은 사람이 고위 리더 후보로 추천되면 결정권을 가진 최고 경영자나 기업 소유주는 약해 보인다는 이유

보통의 리더와 좋은 리더의 차이는
'정신적, 물질적으로 밑질 줄 아는
마음'에서 온다. 정신적, 물질적으로
밑지는 것이 어떻게 보면 손해 같지만
길게 보면 남는 장사다. 언젠가 도움이
필요한 순간에 흔쾌히 손 뻗어올
사람이 많기 때문이다.

로 선임을 주저한다. 이는 과거 '빠른 추격자 전략'을 추구하던 시절에 만들어진 추진력이 좋은 사람에 대한 왜곡된 인식이다. 만일 이러한 인식이 현재 우리 사회에서 일반적으로 받아들여지는 추진력이 있는 리더에 대한 인식이라면 이젠 그 기준이 바뀌어야 할 때다. 추진력이란 무엇인가? 나는 '목표에 대한 집요함'이라고 생각한다. 외향적인 사람은 추진력이 좋고 내성적인 사람은 추진력이 나쁘다고 말할 수 없다. 과거와 같이 자기주장이 강하고 불합리를 강요하는 리더십이 추진력 판단의 기준이 될 수 없다. 합리적이고 조용한 사람도 목표에 대한 집요함이 있다면 추진력이 강할 수 있다. 과거의 잘못된 편견에서 벗어나야 한다.

조직 생활을 하게 되면 누구나 스트레스를 받는다. 그 스트레스는 대부분 리더로부터 비롯된다. 그것도 좋지 않은 리더십으로 강한 추진력을 발휘하는 리더의 몫이 가장 크다. 그들은 합리적이지 않다. 성과를 강요하거나 폭언을 하는 경우도 있다. 회의 도중에 대답을 한 번 잘못하거나 눈 밖에 나면 해고를 운운하거나 억압적으로 대하기를 서슴지 않는다. 조직은 공포 분위기에 휩싸인다. 이런 상황을 직접 겪는 부하는 엄청난 스트레스를 받는다. 이로 인해 정신적으로 괴로울 뿐만 아니라 육체적 병까지 얻기도 한다. 조직 내 구성원 전체가 받는 스트레스의 합은 막대하다. 근무가 불가능해지는 사람도 있고 몇몇은 회사를 떠난다. 이 얼마나 큰 손실인가? 조직에 매우 파괴적인 정신적, 육체적 피해를 만들어냄에도 이런 리더가 있는 조직은 짧은 기간에 성과를 내는 것처럼 보인다. 하지만 이는 단기간에 해당하는 이야기일 뿐 지속해서 성과를 내기는 어렵다. 구성원의 마음이 멀어지면 회사를 떠나거나 회사 내 이동을 원하는 사람들이 늘어난다. 조직 구성원은 리더의 눈치만 보며 아이디어를 내기보다는 시키는 일만 하려고 한다. 조직에 문제가 나타나도 굳이 얘기하거나 지적하지 않는다. 괜한 짓을 하는 것이 아닌가 싶어 몸을 사린다. 결국 문제는 곪아 터져 심각한 상황이 되어버린다. 이처럼 두려움 가득한 조직에서 어떻게 꾸준히 좋은 성과를 낼 수 있겠는가? 조직 혁신과 성장을 위해서는 실제로 심리적 안정감이 무엇보다 중요하다. 하버드 대학교 에이미 에드먼슨Amy C. Edmondson 교수는 최근 저서 《두려움 없는 조직The Fearless Organization》에서 지속가능성을 위한 조직원의 심리적 안정감의 중요성을 강조한 바 있다.[17]

그런데 의외로 잘못된 리더십으로 좋은 사업 결과를 내면서 그 자리를 오래 유지하는 리더가 적지 않다. 이는 그 리더가 더 좋은 성과를 낼 수 없었는지, 성과가 과거의 경영자가 한 기여로부터 오는지, 구조적 사업 환경으로부터 오는지, 아니면

연구원은 무엇으로 사는가

현 조직이 역량을 잘 발휘해서 오는 것인지를 명확히 구분해서 평가하지 않기 때문이다. 아울러 이런 유형의 리더는 자신의 상사에게 끔찍할 정도로 충성한다. 상사는 결과가 좋고 자기에게 충성하는 사람의 본모습을 보지 못한 채 그릇된 판단을 한다. 최고 경영자나 기업의 소유주가 성과를 내는 과정을 살펴지 못하고 결과만으로 평가해서는 안 되는 이유다.

쉽게 무너지지 않는 탄탄한 조직을 위해서는 적절한 스트레스가 필요하다. 외부 사업 환경으로부터 오는 스트레스, 조직의 건강성을 유지하기 위한 의도된 스트레스, 구성원이 자신에게 엄격함을 요구하면서 생기는 스트레스는 긍정적이다. 그러나 리더의 스트레스 해소를 위해 다른 부하들에게 가해지는 습관적인 스트레스는 여기에 해당되지 않는 심각한 문제다. 과거에 추진력이 좋았던 모든 리더가 잘못됐다고 말하는 것이 아니다. 지금은 조직 구성원들의 행동 특성도 달라졌고, 목표로 해야 하는 개발 제품의 수준도 월등히 높아졌다. 이에 따라 추진력에 관한 인식도 변해야 한다. 변화한 환경에 발맞춰 정도를 지키면서 합리적이고, 가슴이 따뜻하며 목표에 대한 집요함이 있는, 추진력이 좋은 리더들이 많아져야 한다.

탁월한 리더

━━━━

동양 철학의 근간을 이루는 중요한 요소 중의 하나는 음과 양이다. 음양처럼 인간의 사고와 행동에는 서로 대비되는 것들이 있다. 예를 들면, 단기 중시의 사고와 장기 중시의 사고가 있을 수 있다. 관용적인 사람도 있고 원칙을 철저히 지키는 엄격한 사람도 있다. 또 진보적 사고와 보수적 사고도 있다. 외향적 성격과 내성적 성격도 있다. 그뿐만 아니라 이성적 판단과 이에 대비되는 감성적 판단도 있다. 이처럼 서로 대비되는 사고와 행동이 우리들을 지배한다.

또 동양 철학에서는 한쪽 극단으로 치우침이 없다는 의미로 중용中庸이라는 표현을 쓴다. 중용을 지키려면 양극단을 피해서 중간 입장을 견지하며 사고하고 행동하는 방법이 있을 것이다. 다른 방법은 사안에 따라 한쪽 극단에서 다른 극단으로 유연하게 오가며 거시적으로 볼 때 한 극단에만 머무르지 않고 균형을 유지하는 것이다. 리더가 조직을 운영하다 보면 늘 원칙을 지키는 엄격함도 필요하지만 때로는 관용을 베풀어야 할 때도 있다. 모든 문제를 이성적으로만 해결할 수 있는 것은 아니며 종종 감성적 접근이 필요하기도 하다. 단기적인 연구 과제의 성공도 현 사업의 경쟁력을 위해서 중요하지만 장기적 관

연구원은 무엇으로 사는가

조직을 운영하다 보면

늘 원칙을 지키는 엄격함도 필요하지만

때로는 관용을 베풀어야 할 때도 있다.

어떤 문제는 이성적인 해결보다

감성적 접근이 필요하기도 하다.

이렇게 양극단을 오가는 것은 일관성

없는 행동이 아니라 오히려 사안에 따른

유연함을 갖춘 것이다.

점의 미래 사업 준비도 꼭 필요하다. 이렇게 양극단을 오가는 것은 일관성 없는 행동이 아니다. 오히려 사안에 따른 유연한 사고를 갖는 것이다. 거시적 관점에서의 중용을 가진 사람이야말로 탁월한 리더라고 할 수 있다.

하버드 대학교의 마이클 터시먼Michael L. Tushman 교수가 주장한 양손잡이형 리더Ambidextrous Leader[18]가 바로 탁월한 리더의 전형이라고 할 수 있다. 사안에 따라 극단에 치우칠 줄 알면서 전반적인 균형을 잡는 것은 쉬운 일이 아니다. 조직 책임자가 조직이 가야 할 큰 전략 방향을 만들어내면서 구성원 개개인의 장단점을 파악하여 적재적소에 인재를 배치하는 것과 같은 세밀한 일도 잘 처리하는 리더는 많지 않다. 리더가 큰 전략만 고민하고 세부적인 운영에는 관심이 없다면 언젠가 운영상의 문제로 조직이 와해되는 아픔을 겪을 수 있다. 이와는 반대로 리더가 세부적인 운영에만 관심을 가져서 시장의 큰 변화를 읽지 못하고 중장기적 전략 방향의 변화에 대처하지 못하면 그 조직 또한 머지않아 시장에서 도태될 수 있다.

탁월한 리더는 유연하게 사고한다. 사고가 유연하지 않으면 절대 양극단을 오갈 수 없다. 한쪽을 선택하면서 다른 쪽의 극단까지 이해하는 능력은 탁월한 리더십의 핵심이다. 유연한 사고 능력은 한순간에 얻을 수 없다. 타고났다면 행운이겠지만

연구원은 무엇으로 사는가

대체로 꾸준한 노력과 시도가 있어야 한다. 정신적, 물질적으로 밑질 줄 아는 마음을 가진 사람이 리더의 일반적 조건을 갖추려고 노력하면서 더 나아가 유연한 사고방식을 갖췄다면 그 사람은 진정 탁월한 리더다. 누구나 따르고 존경할 것이다. 이 시대에 걸맞은 기술 혁신을 위해 필요한 리더의 모습이다.

미래를 준비하는 리더

리더가 해야 할 중요한 일 중의 하나는 미래를 준비하는 것이다. 현업에 몰두하다 보면 미래 준비를 소홀히 할 수 있다. 자신의 재임 기간에 성과가 실현되지 않는 경우가 워낙 많다 보니 먼 미래의 일은 준비하는 척 시늉만 하고 넘어가고 싶은 유혹이 일기도 한다. 그럼에도 리더는 미래를 준비해야 한다. 장기적 관점으로 성장 분야를 키우기 위해서는 일관성이 매우 중요하다. 최고 경영자나 연구 개발 최고 책임자가 바뀌면 전략과 집중하던 분야가 갑자기 달라지는 일이 허다하다. 몇 년 후에 리더가 바뀌면 또 달라진다. 무엇 하나 꾸준히 하는 것이 없으니 남을 앞서가는 것은 당연히 없다. 선배 경영자가 했던 일을 무조건 부정하고 새로운 것을 하려는 태도는 긍정적인 힘을

발휘하지 못하게 한다. 선배가 잘한 것은 그대로 이어받고 잘
못된 것은 수정해서 진행할 수 있어야 한다.

　LG화학 기술연구원이 1979년 12월에 출범한 이래 나는
세 번째 원장이었다. 첫 번째 원장 최남석 박사는 15년간 재
임하면서 우리나라에선 매우 앞선 안목으로 80년대부터 신약
을 포함하는 바이오 분야를 성장 엔진으로 키워냈다. 2대 원장
에게 넘겨진 신물질 항생제인 팩티브FACTIVE®는 2003년 우리나
라 신약 역사상 처음으로 미국 FDA의 승인을 받았다. 2대 원
장 고 여종기 박사는 10년간 원장으로 재임하며 배터리를 미
래 사업으로 선정하고 연구 개발에 집중함으로써 오늘날 LG화
학의 배터리 사업을 만드는 초석을 다졌다. 그 후 나 역시 14년
간 연구 개발을 책임졌다. 적어도 일관성 측면에서는 바람직한
장기 재임이었다. 물론 나와 같은 상사를 오랜 기간 피할 수 없
었던 부하들은 힘들었을 수도 있다. 앞서 원장을 맡은 두 분은
장기 재임을 바탕으로 미래를 준비하는 데 혼신의 노력을 다했
다. 여종기 박사는 특히 자동차용 배터리를 리튬 이온 폴리머
배터리로 정하고 2000년 하반기부터 도전적 과제를 추진했다.
4년 반 동안 과제를 집중적으로 지원하여 방향을 정립한 후
2005년 나에게 과제를 넘겼다. 그것을 바탕으로 2009년에 사
업화라는 과실을 얻게 됐다. 묘목을 심고, 비료를 주고, 가지치

　　　　　　　연구원은 무엇으로 사는가

기하면서 오랜 기간 키워놓은 나무에서 나는 수확만 했다. 선배 경영자가 해놓은 미래 준비로 내가 혜택을 받았다. 이 일은 나도 후배 경영자에게 수확할 나무를 넘겨줘야겠다고 결심하는 계기가 됐다. 누군가 '리더는 뒷모습으로 가르친다'고 하지 않았던가.

좋은 경영은 상식을 실천하는 것이다

       석사 학위를 마치고 1981년 대덕 연구 단지에 있는 럭키 중앙 연구소(현 LG 화학 기술연구원의 전신)에 입사했다. 우리나라 기업 연구소가 거의 없던 시기에 생긴 연구소로 개소한 지 1년이 조금 지났고 7명의 입사 동기를 포함해 연구원 30여 명이 있는 작은 규모였다. 연구는 주로 외국의 선도 회사가 개발한 제품의 특허를 피해 자체 개발하는 것이었다. 신입 연구원으로서 석유 화학 공장에 파견을 나가고 밤샘 실험도 하면서 열정적으로 일했다. 공장 현장 직원들과 협업하고 격렬하게 논쟁도 해가며 개발하는 제품이 공장에서 문제없이 잘 생산될 수 있도록 하려면 무엇을 고려해야 하는지 몸으로 배울 수 있는 소중한 시간이었다.

회사의 지원으로 유학을 다녀온 1990년 2월, 연구원의 규모가 10배 이상 커져서 인원은 300명이 됐다. 다양한 분야의 연구도 많아졌다. 신물질을 개발하겠다는 높은 목표에 도전하는 과제도 있었다. 나는 새로운 연구 과제를 제안해 과제 책임자가 됐다. 책임자가 되고 보니 내가 유학을 가 있던 사이에 채용된 책임자급 박사 학위자들과 기존의 연구원들과의 갈등이 심했다. 주된 이유는 처우, 호칭 등의 문제들이었다. 갈등이 연구소의 조직 문화를 해치고 있었다. 기존 연구원과 박사 학위자들의 입장을 동시에 경험했던 나는 소장에게 제도적으로 고칠 것을 요구하고, 각 당사자에겐 역지사지로 서로를 이해하자고 설득했다. 모두의 꾸준한 노력으로 신뢰가 생기면서 서로 협력했고, 이를 통한 성과도 더 커지기 시작했다. 중간 간부로서 조직 문화가 얼마나 중요한지, 조직 문화가 연구 성과에 얼마나 큰 영향을 미치는지 절감했다.

1992년경 연구소에서 파격적으로 조직 개편을 했다. 네댓 개의 연구 과제를 총괄하는 '그룹 리더' 제도를 만들면서 나보다 선배인 연구 과제 책임자들의 과제를 내가 관장하게 됐다. 자존심이 상했을 선배들을 생각하니 고통스러워서 결국 그들을 찾아갔다. 원하던 자리는 아니었지만 그룹 리더로서 행정 처리를 위한 요구를 최소한으로 할 것이며, 연구 과제 추진의 자율성을 보장하고 최대한 지원하겠다고 약속했다. 그리고 도와달라고 호소했다. 놀랍게도 선배들은 후배인 나를 신뢰하며 더욱 깍듯하게 대해주고 보고서 제출 기간과 같은 행정 절차도 잘 지켜가며 연구 그룹을 무난히 운영할 수 있도록 힘을 실어줬다. 지금도 그때의 선배들께 감사하고 있다.

나는 회사생활을 중간에 포기하고자 한 적이 있다. 1996년 이른 나이에 임원인 연구 위원으로 승진했다. 내가 그동안 이뤄낸 성과가 부족했다고 느꼈기 때문에 기쁨보다는 걱정이 앞섰다. 그런데 그해 가을 매년 하는 연구 개발 심의회에서 내가 수행하던 과제를 더 이상 지원하지 않고 중단하기로 사업 부문에서 결정했다. 사업성이 부족하다는 이유로 이미 사업을 하고 있던 과제를 중단하기로 결정한 것이다. 큰 충격에 휩싸여 직속 상사인 고 여종기 박사를 찾아가 사직 의사를 밝혔다. 승진한 해에 과제가 중단됐으니 회사를 더 다닐 수 없다고 생각했다. 여 박사는 "보고서 작성 등 과제 마무리를 잘하시오" 하고 나를 돌려보냈다. 그해 말 대규모 조직 개편 속에서 나는 중앙 연구소 역할을 하는 새로운 조직인 고분자 연구소장으로 발령이 났다. 예상치 못한 소장 선임에 놀랐지만 회사의 선의에 올바르게 소장 역할을 수행하는 것으로 보답하자고 다짐했다.

연구원은 무엇으로 사는가

소장이 되고 나서 몇 개월간 현황 파악을 한 후 연구소 비전과 공유가치를 만들었다. 그전까지 연구원, 시니어 연구원, 과제 책임자, 그리고 그룹 리더 때 겪었던 계층별 어려움과 상사였던 소장에게 기대했던 점들을 생각하면서 조직 운영 및 조직 문화 형성의 방향에 대해 고민했다. 이때 만든 공유가치가 신뢰, 창의, 도전 그리고 프로 정신 네 가지였고 나중에 원장이 되고서도 그대로 유지했다. 소장이 되고 나서 연구 개발 전략의 중요성도 체험했다. 1997년 연구 책임자 10여 명과 함께 4개월에 걸쳐 회사의 신사업인 정보전자 소재와 리튬 이온 배터리 분야 중장기 연구 개발 마스터 플랜을 만들었다. 2005년을 목표로 개략적인 사업화 목표도 제시했다. 여러 연구소와 사업 부문이 함께 노력한 결과 2005년 사업 매출 목표의 약 75%에 해당하는 1조 3,000억 원의 성과를 달성했다. 신사업 추진의 성공은 연구 개발 부문이 시작의 단초를 제공하고 사업 부문의 열정적 노력과 최고 경영층의 헌신Commitment이 있었기 때문에 가능하다는 것을 알게 된 보람되고 귀중한 경험이었다. 8년간 연구소장직을 수행한 후 2005년 회사의 연구 개발을 총괄하는 기술연구원 원장에 선임됐다. 당시 연구원은 1,300여 명으로 늘었다. 기술연구원의 비전을 만들고 공유가치와 조직 문화는 소장 재직 때와 동일하게 유지했다. 2006년 이 책의 공저자인 이성만 박사를 기술연구원의 전략 기획팀으로 재입사시켰다. 이때부터 이 박사의 주도하에 개방형 혁신을 본격적으로 도입해서 적용하기 시작했다. 아울러 연구 과제를 지속해서 구조조정을 하는 어려운 환경 속에서도 조직 문화의 구축 방향을 창의와 자율, 협업, 그리고 도전의 문화로 정리하고 다양한 프로그램을 만들어 바람직한 조직 문화를 만들기 위해 노력했다. 연구 개발 측면에서도 자동차용 전지, 메탈로센 신물질 촉매, 3D 디스플레이용 광학 필름 개발에 성공하는 성과를 이뤘다.

이후 현 사업을 지원하는 연구소가 사업 부문 소속으로 바뀌는 탈중앙화Decentralization가 이뤄지기도 했고, 새로운 최고 경영자 취임에 따라 R&D가 대폭 강화되면서 다시 연구 개발에 활기가 도는 경험도 했다. 2017년 최고기술책임자 제도가 복원되면서 CTO로 취임해 다시 회사 내의 모든 R&D를 총괄했다. 연구 개발 전략 적합성을 점검하고 조직 문화를 다시 보완하고 강화하는 일부터 추진했다. 임기의 마지막이었던 2018년 말 국내외에 근무하는 전체 연구원 수는 5,500여 명이었다. 어느새 LG화학 R&D는 세계 최고 수준의 인재와 규모를 가진 조직이 됐다.

38년의 R&D 여정을 돌아보니 고마운 분들이 정말 많다.

성장과 도전의 기회를 준 상사들과 회사의 경영진에게 감사한다. 함께 동고동락하며 탁월한 성과를 만들어, 나도 그 덕을 보게 해줬던 모든 연구원에게 고마움을 전한다. 연구원들과 함께 만들고자 노력했던 조직 문화가 지속되고 잊히지 않기를 바라는 마음이 이 책을 쓰게 된 또 하나의 중요한 이유다.

연구원들이 창의와 열정으로 마음껏 꿈을 펼치는 곳, 리더들이 올바른 생각으로 구성원을 바르게 이끄는 곳, 그래서 치열하게 일하고 사명감, 보람, 긍지가 가득한 곳, 이런 환경에서 훌륭한 성과를 만들어내고 함께 기뻐하는 곳, 그곳이 내가 꿈꾸는 연구 조직의 모습이다.

22년간 기술 경영자로서 일하고 나니 좋은 경영에 매우 어려운 이론이 필요한 것은 아니었다. '구성원의 마음을 사라', '일관성 있는 지시를 해라', '솔선수범하라', '미래를 준비하라' 등과 같은 평범한 상식을 잘 실천하는 것이었다. 비록 나는 상식과 실천에 부족한 점이 많았지만, 이 책이 연구원과 경영자들에게 작은 보탬이 되길 바란다.

주
■

1   Richard A. D'Aveni, Hypercompetition, The Free Press, 1994.

2   Clayton M. Christensen, The Innovator's Dilemma, Harvard Business Review Press, 1997.

3   "영광과 몰락 사이, 소니 전 CEO 이데이 노부유키", 《IT동아》, 2017.12.04.

4   게리 헤멀·빌 브린, 《경영의 미래》, 권영설 외 옮김, 세종서적, 2009.

5   로렌스 프리드먼, 《전략의 역사》, 이경식 옮김, 비즈니스 북스, 2014.

6   박지원, 〈이중 경력 제도〉, 《LG주간경제》, 2003년 5월 14일호, 25쪽.

7   "신입 사원, 퇴사하는 결정적 이유는?", 《한국경제》, 2015.09.21.

8   Jean Lave & Etienne Wenger, Situated Learning, Cambridge University Press, 1991.

9   Larry Huston & Nabil Sakkab, Connect and Develop: Inside Proctor & Gamble's New Model for Innovation, Havard Business Review, March 2006.

10 Morten Hansen, Collaboration, Harvard Business Press, 2009.

11 "과학이란 태평양서 답 찾아 자맥질하는 수능 첫 만점 '천재 소녀'", 《조선일보》, 2013.06.08.

연구원은 무엇으로 사는가

12 린다 힐·그레그 브랜도·에밀리 트루러브·켄트 라인백,《혁신의 설계자》, 이은주 옮김, 북스톤, 2016.

13 Henry W. Chesbrough, Open Innovation, Harvard Business School Press, 2003.

14 Mark Dodgson, David Gann & Ammon Salter, The role of technology in the shift towards open innovation: the case of Proctor & Gamble, R&D Management, 2006.

15 Davis, J. R., Richard, E. E. & Keeton, K. E., Open Innovation at NASA, Research Technology Management, 2015.

16 Slowinski & Sagal, Good Practices in Open Innovation, Research Technology Management, 2010.

17 에이미 에드먼슨,《두려움 없는 조직》, 최윤영 옮김, 다산북스, 2019.

18 Michael L. Tushman, Wendy K. Smith, & Andy Binns, The Ambidextrous CEO, Harvard Business Review, 2011.

연구원은 무엇으로 사는가

R&D 경영인이 말하는 조직 문화로 혁신하는 길

초판 1쇄 발행 2020년 4월 20일
초판 7쇄 발행 2024년 4월 25일

지은이 유진녕·이성만
펴낸이 성의현
펴낸곳 미래의창

등록 제10-1962호(2000년 5월 3일)
주소 서울시 마포구 잔다리로 62-1 미래의창빌딩(서교동 376-15, 5층)
전화 02-338-5175 **팩스** 02-338-5140
홈페이지 www.miraebook.co.kr
ISBN 978-89-5989-647-9 03320

※ 책값은 뒤표지에 있습니다.

이 도서의 국립중앙도서관 출판예정도서목록(CIP)은 서지정보유통지원시스템 홈페이지(http://seoji.nl.go.kr)와 국가자료공동목록시스템(http://www.nl.go.kr/kolisnet)에서 이용하실 수 있습니다.(CIP제어번호: CIP2020012274)

생각이 글이 되고, 글이 책이 되는 놀라운 경험. 미래의창과 함께라면 가능합니다.
책을 통해 여러분의 생각과 아이디어를 더 많은 사람들과 공유하시기 바랍니다.
투고메일 togo@miraebook.co.kr (홈페이지와 블로그에서 양식을 다운로드하세요)
제휴 및 기타 문의 ask@miraebook.co.kr